¡Él Me Ama!

"Para entender el amor de Dios se necesita algo más que de una clase magistral, se necesita sumergirse en él. En '¡ÉL ME AMA!' Wayne Jacobsen llena la bañera y nos invita a penetrar en la verdadera vida, la vida interior de la Trinidad. "¿Qué ocurrió realmente en la cruz?" vale la pena leerlo cinco o seis veces, luego hundirte silenciosamente y profundamente en su agua vivificante".
—Dr. Larry Crabb, autor de *"La Oración de Papá"*

"Para aquellos de nosotros que anhelamos 'vivir amados', no puedo recomendar una mejor lectura como continuación de 'La Cabaña' que este libro. Es una exploración y una aventura al corazón del Dios que esperamos que esté realmente allí, y el cual nos ama a cada uno de nosotros en particular con amor eterno".
—Wm. Paul Young, autor de *"La Cabaña"*

"¡ÉL ME AMA! es uno de esos extraños libros en la vida que te da la libertad de hablar con el Padre como nunca antes lo habías hecho. Sus lecciones serán parte de tu viaje personal y te acompañarán en tu vida como un buen amigo".
—Bobby Downes, Christiancinema.com

"¡Este libro es una nueva alternativa a todos los estilos posibles de vida religiosa! Una lectura reconfortante que te da la libertad de recibir la maravillosa gracia de Jesús y su amor".
—John Langford, Hislife.co.uk, Bournemouth, Inglaterra

"Este libro es el primero que recomiendo a aquellas personas que están luchando con la culpa, vergüenza o la carga de la religión. Además de las Escrituras, es la obra que he visto tocar más vidas (incluida la mía)".
—Arnie Boedecker, Cornerstone Books

"Cuando leo este libro, hay algo en lo más profundo de mí que me dice, "esta es la verdad". Es como si siempre lo hubiera sabido y nunca hubiera manifestado o experimentado. Lo que aquí está escrito brota de un profundo anhelo y hace que vivir en el amor del Padre no sólo sea posible, sino también absolutamente esencial. Si pudiera, daría una copia a todas las personas que conozco".
—Nina Rice, Dublín, Irlanda

"Tras leer el capítulo 'La fuerza más poderosa del universo' (núm. 10). Le dije a mi esposa, '¡este capítulo vale más del doble de lo que he pagado por el libro entero!' Mi esposa y yo hemos distribuido este libro por Nueva Inglaterra y la reacción tanto entre los creyentes más maduros, como entre los más jóvenes fue tremenda".

—Jack Gerry, Ministerio Crossroads

"Mi esposo y yo nos sentimos bendecidos con el mensaje de '¡ÉL ME AMA!' En los últimos tres años he hecho un viaje revelador sobre el corazón de Dios y su increíble amor, un viaje que me ha cambiado. Gracias por tu libro".

—Cheryl Haley, pastor

"¡Después de haber sido cristiano durante más de veinte años, y estando en el ministerio más de diez, '¡ÉL ME AMA!' revolucionó mi andar con el Señor! Durante la lectura del libro me he arrepentido y regocijado. Me lo llevo a África en cada viaje que hago, enseño con él, lo doy como regalo, y me llena personalmente cuando empiezo a caer en mi religiosidad".

—Penny Dugan, Misión Nueva Jerusalén

"En '¡ÉL ME AMA!', la gran capacidad de comunicación de Wayne Jacobsen nos permite compartir su experiencia con el Dios de amor. Palabras que dan al lector una retrato clara y apasionante del Padre, que supera la imagen que la religión ha empañado tras los años".

—Kevin Smith, Australia

"¿Has sentido alguna vez que fallabas a Dios? Este libro hará que quieras subir al regazo del Padre y quedarte allí con Él. El pensamiento de Wayne hace una reflexión apasionada que desarma la idea de que el amor del Padre por sus hijos va unido de cualquier manera a su comportamiento. Una fresca y sensacional visión de la cruz de Cristo que trae un mensaje familiar".

—Dave Fredrickson, Family Room Media

"Parece que la única forma de responder a nuestras necesidades de amor incondicional y buena autoestima, depende de lo que piensen los demás de nosotros. Pero una vez que entendemos que somos amados por el Padre, somos libres —libres para dejar de ejercer el control y manipular a otros para que nos acepten. Este libro es el mayor mensaje de libertad que jamás he leído, y me ha ayudado a entender que Dios me ama de verdad".

—Dave Coleman, capellán jubilado

"Empecé el libro con ciertas reservas pero caí rendido ante la tremenda revelación de la gracia y el amor que conforma el pensamiento de Wayne. El libro me afirmó las profundas verdades sobre cuánto me ama Él y cuán a la deriva se está en la tierra de la religión y el esfuerzo".

—Stephan Vosloo, Ladysmith, Sudáfrica

"Este libro fue una parte fundamental del cambio que el Padre realizó en mí en los últimos años, en los que mi entendimiento de Dios fue transformado. Te animo a leerlo con buenas expectativas sobre lo que el Padre puede realizar en la relación personal que siempre ha querido tener contigo".

—Kent Burgess, Faithfully Dangerous, St. Louis, Missouri

"Éste es uno de los mejores libros que jamás haya leído y ha cambiado para siempre mi forma de ver al Dios Padre. Ahora puedo relacionarme con Él como 'Abba Padre'".

—Lector del sur de los Estados Unidos

"Salí de un grupo legalista y dogmático. Tú libro fue una fresca bocanada de aire que me permitió gritar, '¡Él me ama!' Así, en lugar de tener que 'ganarme' el favor de Dios, ahora veo como Él reparte libremente su favor y rompe cadenas".

—Lector del sur de los Estados Unidos

Otros libros de Wayne Jacobsen

Cuentos de la Viña

En la Viña de Mi Padre

Relaciones Auténticas
(con Clay Jacobsen)

¿Así Que Ya No Quieres Ir a la Iglesia?
(con Dave Coleman)

La Cabaña
(en colaboración con el autor Wm. Paul Young)

¡Él me ama!

Aprendiendo a vivir en el amor del Padre

WAYNE JACOBSEN

© 2013 **Lifestream Ministries**
1560-1 Newbury Rd #313
Newbury Park, CA 91320

Título de original en inglés:
He Loves Me!
© 2007 por *Wayne Jacobsen*

Traducción: *Nuria Machado*

Correccción: *Neorvis Garcia Garcia*

Edición: *jep.comunicación*

ISBN:

No se permite la reproducción total o parcial de este libro,
ni su incorporación a un sistema informático, ni su transmisión
en cualquier forma o por cualquier medio, sea éste electrónico,
mecánico, por fotocopia, por grabación u otros métodos,
sin el permiso previo y por escrito del editor. La infracción
de los derechos mencionados puede ser constitutiva de delito contra
la propiedad intelectual (Art. 270 y siguientes del Código Penal).

Las citas bíblicas, excepto donde se indique los contrario, son tomadas
de LA BIBLIA DE LAS AMERICAS © Copyright 1986, 1995, 1997 by
The Lockman Foundation Usadas con permiso.

Impreso en los Estados Unidos de América

1ª Edición

A Sara
En la celebración
de nuestro
25 aniversario

No podría haber encontrado
una mejor amiga y amada
compañera con quien
compartir este viaje.
Tú, a través de tu ejemplo,
amándome en mis peores
momentos y entregando tu vida
a costo de un gran sacrificio
personal, me has enseñando más
sobre el amor de Dios y de cómo
puedo confiar en él libremente,
más que en cualquier otra persona
en el mundo.

Índice

IV. UNA VIDA VIVIDA EN AMOR

Prólogo

A través de sabias palabras y una lógica profunda, Wayne Jacobsen elimina todo obstáculo entre el creyente y Dios el Padre. De manera cuidadosa, va desechando toda resistencia a confiar absolutamente en la gracia de Dios y en su plan para nosotros. Algunos viajes conllevan tal clase de peligros y misterios que nos hacen a anhelar una mano donde apoyarnos y un rostro que comunique seguridad. Este libro pone tu mano en un lugar seguro y te muestra claramente el rostro de Dios.

Cuando Jesús, respondiendo a una pregunta, nos mostró que el más grande de los mandamientos era "amar a Dios con todo tu corazón, alma, mente y fuerzas", para muchos de nosotros, éste era un mandato al que solamente podíamos aspirar. Posiblemente hemos orado siempre, "Señor, quiero amarte con todo mi corazón, alma, mente y fuerzas." Después de leer este libro, estoy seguro de que fácilmente dirás, "te amo completamente."

No importa cuál sea tu estado emocional, la paz se asentará en tu corazón y cualquier ansiedad acerca de Dios desaparecerá. Prepara tu rostro para una sonrisa y tu corazón para un constante desfile de bombos y platillos celebrando una gran victoria.

En la medida en que leas y recibas las reflexiones de este libro, experimentarás mucho más la presencia de Dios, porque la relación eterna que encontrarás es muy superior a tus mejores esfuerzos o sueños. Estos regalos de Dios son inalcanzables por ti mismo, pero encontrarás que este libro es una cálida invitación a la casa de Dios, con un cálido S.R.C. (se ruega confirmación). Con esta invitación en tu mano, sentirás como si al fin hubieses "llegado" —¡y de hecho así será!

Si te parece que estoy exagerando en mis elogios acerca de este libro, es a propósito. Tienes en tus manos un clásico.

Prepárate para conocer mejor a Dios y amarle más. Estás a punto de embarcarte en un viaje cuyo mapa guardarás para usarlo muchas veces, y que te encantará copiar para darlo a otros libre y gustosamente.

—GAYLE D. ERWIN
Autor de
Al Estilo de Jesús

Introducción

Siempre me ha sorprendido gratamente la repercusión que ha tenido este pequeño libro desde que fue impreso por primera vez hace ocho años. A menudo he dicho desde entonces que nunca volvería a escribir un libro tan significativo y, hoy en día, estoy aún más convencido de ello.

Me doy cuenta de que un libro sobre el amor de Dios parece tan obvio que la mayoría de la gente preferiría elegir temas aparentemente más atractivos, tales como nuevos modelos de iglesia neotestamentaria, maneras más efectivas de orar o claves para vivir en la voluntad de Dios. La mayoría de la gente piensa que el amor de Dios forma parte del cristianismo básico. "Vamos adelante con cosas más profundas", dicen. Pero no hay nada más profundo.

La verdad es que no hay nada teológicamente más cierto que el hecho de que Dios es amor. Cantamos acerca de su amor en nuestras canciones más simples y nos sentimos cómodos usando el lenguaje del amor en nuestra relación con Él. Pero increíblemente, en la práctica, muy pocos cristianos viven cada día como si el Dios del universo les amase profundamente.

¿Por qué? Porque dos mil años de tradición religiosa han inculcado en nosotros la idea equivocada de que el amor de Dios es algo que nos ganamos. Que si hacemos lo que le agrada, nos ama y si no lo hacemos, no. Rectificar eso no es fácil. Pasar de una ética religiosa basada en el cumplimiento a una relación profundamente enraizada en el amor del Padre no es un cambio pequeño. Es el más importante que he hecho en mi viaje espiritual, y eso transformó mi vida en

Cristo, de una frustrante monotonía, enfrentando atractivas tentaciones, a una vital y gratificante aventura, que continúa renovándome cada día que pasa. Este libro describe mi proceso, y espero que pueda ayudar a otros en esa transición.

Hace algunos años, un grupo de líderes cristianos me pidió que enseñara durante nueve semanas en una congregación local. Cuando les pregunté si tenían algo específico en mente, me dijeron que habían oído que yo estaba enseñando algunas ideas nuevas sobre la cruz y que les encantaría oírlas. Encontrarás la mayor parte del contenido de esa serie de estudios en estas páginas. Yo estaba preocupado ante el reto, sabía que la libertad de mi enseñanza podría socavar lo que la mayoría de las congregaciones utilizan para manipular a la gente con el fin de involucrarles y servir.

"Déjenme hacerles una pregunta primero", les respondí, "¿Cuántas cosas creen ustedes que hace la gente de su congregación que les haría sentir culpables si no las hicieran?"

Me sorprendí cuando uno de los hombres respondió, con una sonrisa y un movimiento de la cabeza, "¡probablemente el 90 por ciento!" Los otros comenzaron a reírse, pero al final acordaron que el porcentaje podría ser real.

"Si es eso así", les dije, "y su gente tiene una revelación de la cruz, entonces el 90 por ciento de lo que están consiguiendo hacer por aquí, se parará. ¿Están dispuestos a eso?".

Las risas cesaron. Se miraron unos a otros, sin saber qué responder. Después de algunos titubeos, finalmente se pusieron de acuerdo en correr ese riesgo. Hay que admirar su coraje. Así que acepté su invitación.

Sin embargo, ese no fue el resultado desgraciadamente. O yo no lo enseñé bien o no escucharon tan atentamente como yo esperaba, porque tras mis nueve semanas de enseñanza, contrataron a un nuevo pastor que les vino a hablar en el lenguaje de la culpa y el cumplimiento. Me entristeció que el grupo en su conjunto no aceptase el mensaje de libertad, aunque continúo en contacto con algunas de las personas de ese grupo que experimentaron una profunda transformación.

La fuerza de la religión puede ser mucho más fuerte que la libertad de la relación. No puedo decirte cuántas veces he dicho estas palabras sólo para confrontar a las personas que creen honestamente que el amor de Dios, por sí solo, no es capaz de transformar a las personas. En su lugar, afirman, hay que darles una buena y consistente dosis del temor de Dios y de juicio para mantenerlos en el buen camino.

Es una verdadera tragedia. Aquellos quienes están dispuestos a sustituir la exigencia de la obligación por el poder del amor, no han probado éste a fondo. Viajando por el mundo, he observado que los que descubren la profundidad del amor del Padre y aprenden a disfrutar de él, muestran más pasión por Jesús, mayor libertad para no pecar y están más comprometidos con el mundo que cualquiera que esté impulsado por las obligaciones religiosas.

Lo que el Padre nos mostró a través del regalo de su Hijo es que no estaba dispuesto a conformarse con la servidumbre forzosa de esclavos temerosos. Sino que prefirió el íntimo amor de sus hijos e hijas. Él sabía que el amor nos introduciría en su vida, más que cualquier temible obligación. Que nos enseñaría más verdad, nos libraría de nuestros egoísmos y caídas, y nos haría más fructíferos.

Desde que publiqué este libro he escuchado a cientos de personas que me han dicho que Dios lo usó para transformar también sus propios viajes. Muchos afirmaban que yo había puesto en palabras lo que ya sabían en su interior que era cierto, pero no se atrevían a creer. Otros han dicho que redefinió completamente su vida en Cristo y los lanzó en un viaje asombroso a las profundidades de ese amor y afecto.

También espero que cuando llegues al final de estas páginas tengas la convicción de que Dios te ama con un amor profundo e implacable. Nada desempeña mejor su propósito que cuando Su amor te abruma. Entonces, te transforma y luego te lleva durante el resto de tu vida como un reflejo de su gloria en la tierra.

Para eso lo escribí, y espero que por ese motivo este libro haya llegado a tus manos.

—Wayne Jacobsen
Agosto 2007

SECCIÓN I

La relación que Dios siempre ha querido tener contigo

En ese día conoceréis que
yo estoy en mi Padre, y vosotros en mí,
y yo en vosotros.
—Juan 14:20

Me quiere.
   No me quiere.
     Me quiere.
       No me quiere.

"Deshojando tu margarita"

LA NIÑA ESTÁ DE PIE en el jardín, cantando mientras arranca uno a uno los pétalos de su margarita y dejándolos caer al suelo. Cuando el juego concluye, el último pétalo lo determina todo: si la persona amada corresponde o no a su afecto.

Por supuesto nadie toma este juego en serio, y si los niños no obtienen la respuesta deseada, tomarán otra margarita y comenzarán de nuevo. No lleva mucho tiempo, ni siquiera a los niños, darse cuenta de que las flores no fueron diseñadas para decirnos nuestro destino amoroso. ¿Por qué razón deberíamos relacionar el deseo de nuestros corazones a la suerte?

De hecho, ¿por qué? Ésta es una lección mucho más difícil de aprender en nuestra búsqueda espiritual que en los asuntos románticos. Durante mucho tiempo hemos deshojado nuestras margaritas, y muchos de nosotros continuamos jugando a este juego con Dios. En nuestro caso no arrancamos pétalos de margarita, pero probamos a través de nuestras circunstancias para imaginarnos cómo se siente Dios en relación a nosotros exactamente.

> Me dieron un aumento. *¡Me ama!*
> No me dieron el ascenso que esperaba, o peor aún, perdí mi trabajo. *¡No me ama!*
> Algo en la Biblia me inspiró hoy. *¡Me ama!*
> Mi hijo está seriamente enfermo. *¡No me ama!*
> Le di dinero a alguien en necesidad. *¡Me ama!*
> Permití que mi ira me dominara. *¡No me ama!*
> Algo por lo que estaba orando ocurrió como pedí. *¡Me ama!*
> No fui completamente honesto para evitarme una situación comprometedora. *¡No me ama!*
> Un amigo me llama inesperadamente para animarme. *¡Me ama!*
> Mi coche necesita una transmisión nueva. *¡No me ama!*

LA CUERDA FLOJA

He jugado a este juego la mayor parte de mi vida, intentando averiguar en cada momento cómo podría sentirse Dios con respecto a mi persona. Crecí aprendiendo que Él es un Dios de amor, y creía que esto era verdad.

En tiempos de bonanza, nada es tan fácil de creer. En los momentos en los que no hay enfermedad en mi familia, nuestras relaciones son cordiales, cuando mi ministerio crece y tanto mis ingresos como mis oportunidades aumentan, cuando tengo mucho tiempo para disfrutar con los amigos y no estoy preocupado por ninguna necesidad, ¿en momentos así, quién dudaría del amor de Dios?

Pero esta convicción comienza a erosionarse cuando los tiempos de bendición son interrumpidos por eventos problemáticos.

...la condición de uno de nuestros hijos nos avergonzaba sin cesar.

...el día en que uno de mis amigos del bachillerato falleció de un tumor cerebral, aún cuando habíamos orado muchísimo para que sanara.

...cuando no fui seleccionado para un trabajo que quería en la universidad porque alguien me calumnió.

...la noche que robaron en mi casa.

...cuando sufrí quemaduras graves en un accidente de cocina.

...cuando vi a mi suegro y a mi hermano morir de enfermedades crónicas, aun cuando le rogué a Dios en oración por su sanidad.

...cuando mis colegas de ministerio mintieron sobre mí y divulgaron historias falsas para ganar el apoyo de otros.

...cuando no sabía de dónde vendría mi próximo cheque.

...cuando vi a mi esposa hundida por circunstancias en las que no pude hacer nada para que Dios las cambiara, por muy duras que fueran.

...cuando las puertas de la oportunidad que parecían abrirse se cerraron súbitamente como por una ráfaga de viento.

En momentos así, me preguntaba cómo se sentiría Dios conmigo. No podía entender cómo un Dios que me amaba, podría permitir estas cosas en mi vida, o cómo no las arreglaba inmediatamente para que yo, o la gente que yo amaba, no tuviéramos que soportar tanto dolor.

¡Él no me ama! Algo así pensaba en esos días. Mi decepción de Dios tomaba fácilmente una de estas dos direcciones. Con frecuencia en mi dolor y frustración, cuando sentía que había hecho lo suficiente como para merecer algo mejor, podía quejarme ante Dios como Job, acusándolo de ser injusto o de no amarme. En momentos más sensatos, era consciente de que las tentaciones y los fallos podían haberme excluido de su amor. Regresaba de esos tiempos, comprometido a intentar, con todas mis fuerzas, vivir la vida como se suponía que debía vivirse para merecerme su amor.

Viví durante 34 años creyendo en esta especie de cuerda floja. Aún cuando no había crisis alguna afectándome, siempre esperaba la siguiente ocasión en que Dios me rechazaría, si no permanecía en "el lado bueno." De cierta manera me había vuelto como el hijo esquizofrénico de un padre abusivo. Nunca tenía la certeza de cómo me trataría Dios ese día —me tomaría en sus brazos con una sonrisa, o me ignoraría o castigaría por razones que nunca podría entender.

Solamente en los últimos 12 años he descubierto que mis métodos para discernir el amor de Dios eran tan malos como arrancar los pétalos de una margarita. No he sido el mismo desde entonces.

EVIDENCIA CONVINCENTE

¿Y tú qué tal?

¿Te has sentido empujado hacia atrás y hacia delante por las circunstancias de tal manera que a veces tienes la seguridad, pero casi siempre la duda, de qué siente el Creador del universo hacia ti? O posiblemente nunca has sabido cuánto te ama Dios.

En un estudio bíblico reciente, conocí a una mujer de cuarenta años que era muy activa en su comunidad, pero nos confesó a un pequeño grupo de personas que nunca había tenido la convicción de que Dios la amara. Parecía que quería decirme algo más, pero finalmente sólo me pidió que orase por ella.

Mientras le pedía a Dios que le revelara cuánto la amaba, una imagen vino a mi mente. Vi una figura, sabía que era Jesús caminando a través de un maizal tomado de la mano de una niña de unos cinco años. De alguna manera supe que esa niña era la mujer por la que estaba orando. Le rogué al Señor que le ayudara a descubrir la ternura de espíritu que le permitiese cruzar los maizales con Él.

Cuando terminé de orar la miré a sus ojos, inundados de lágrimas.

"¿Ha dicho maizales?", preguntó.

Me extrañé, pensando en lo raro que era que se hubiese fijado en esa palabra.

Inmediatamente comenzó a llorar. Cuando pudo hablar, dijo: "No estaba segura de lo que quería decirle. Cuando tenía cinco años fui violada, por un chico mayor que yo, en un maizal. Siempre que pienso en Dios, pienso en ese horrible episodio y me pregunto por qué, si Él me ama tanto, no evitó que esto sucediera".

No es la única. Mucha gente lleva cicatrices y decepciones que parecen ser una evidencia convincente de que el Dios de amor no existe, o si existe, se mantiene a una distancia prudente de ellos, dejándolos a la suerte de los pecados de los demás.

No tengo una respuesta contundente para tales momentos, ninguna podría ser efectiva en medio de tal dolor. Le dije que evidentemente, Dios quería que supiera que había estado allí con ella y que, a pesar de no actuar de la forma en que ella creía que actúa el amor verdadero, Él la amaba. Quiso caminar con ella a través de ese horrible maizal y redimirla.

Él quería poner paz justo en medio de la situación más traumática de su vida, y transformar lo que se suponía que debía destruirla, en la capacidad de confiar en Él como en un primer paso hacia la gracia. Sé que eso puede sonar casi como un cliché en medio de tan increíble dolor, pero el proceso había comenzado para ella. Ocho meses después recibí un e-mail suyo, estaba muy animada, en 270 palabras me dijo: "ahora entiendo".

¿Significa esto que entendió el porqué de lo sucedido? Por supuesto que no. No hay nada que lo pueda explicar. Pero sí significa que el amor de Dios fue lo suficientemente grande como para que pudiera soportar aquel horrible suceso y caminar junto a ella en su redención. Espero que estas palabras también te sean de ánimo si pasas un proceso como este.

PERCEPCIÓN VERSUS REALIDAD

El que Dios siempre haya actuado hacia nosotros únicamente con profundo amor es algo que desafía el entendimiento humano. Sé que a veces no lo parece. Cuando creemos que se hace el sordo, el insensible o que no está interesado en nuestras oraciones más intensas, nuestra confianza en Él puede desvanecerse fácilmente y hacer que nos preguntemos si realmente le preocupamos o no. Y caemos en hacer una lista de nuestros propios fallos para justificar la indiferencia de Dios, lo que a su vez nos puede hacer caer en un oscuro pozo de auto-desprecio.

Cuando estamos jugando el juego de "me ama, no me ama", la evidencia contra Dios parece ser aplastante. Por razones que veremos a lo largo de estas páginas, Dios no suele hacer las cosas que creemos que su amor le obligaría a hacer por nosotros. A veces es como si se cruzase de brazos, y permaneciese indiferente mientras sufrimos. ¿Con cuánta frecuencia parece estar en desacuerdo con nuestras más nobles expectativas?

Pero la percepción no es necesariamente la realidad. Si definimos a Dios sólo por nuestra limitada interpretación o por nuestras circunstancias, nunca descubriremos quién es Él realmente.

Él nos ha provisto de un camino mucho mejor. Nuestro modo de ver el cristianismo como un juego de pétalos de margarita, puede ser consumido por la innegable prueba de su amor por nosotros en la cruz del Calvario. Ese es el lado de la cruz que ha sido ignorado casi por completo, durante las últimas décadas. No vimos lo que realmente ocurrió entre el Padre y el Hijo que abrió la puerta a su amor, de forma tan amplia y genuina, que no puede ser desafiado ni por tus más oscuros días.

A través de esa puerta podemos conocer realmente quién es Dios y comenzar una relación con Él, esa que ansiábamos experimentar desde lo más profundo de nuestro corazón. Allí es donde empezaremos, porque solamente en el contexto de la relación que Dios desea tener con nosotros es donde descubriremos la gloria de su amor en toda su dimensión.

Él te ama más profundamente de lo que jamás te hayas imaginado, y lo ha estado haciendo de la misma manera a lo largo de toda tu vida. Una vez que abraces esta verdad, tus problemas nunca más te llevarán a preguntarte si Dios te quiere o si has hecho lo suficiente para merecer su amor. En vez de temer que Él te dé la espalda, serás capaz de confiar en su amor en los momentos en que más lo necesites. Incluso verás como éste, fluirá en ti de manera sobrenatural e impactará a un mundo hambriento de ese amor.

Aprender a confiar en Él de esa manera no es algo que podamos hacer en un instante; pero es algo que descubriremos de manera creciente durante el resto de nuestras vidas. Dios sabe cuán difícil es para nosotros aceptar su amor y nos enseña con más paciencia de la que jamás hemos experimentado. A través de cada circunstancia y de las maneras más sorprendentes, Él nos hace conocer su amor de forma que lo podamos entender.

Así que, probablemente, es momento de dejar a un lado nuestras margaritas y descubrir que no es el miedo a perder el amor de Dios lo que te mantendrá en su camino, sino el simple gozo de vivir en ese amor cada día.

El día que descubras eso, ¡realmente comenzarás a vivir!

Mirad cuán gran amor nos ha otorgado el Padre, para que seamos llamados hijos de Dios; y eso somos.
—1 JUAN 3:1

Para tu viaje personal

¿Cuántas veces te has encontrado dudando que Dios te ame? ¿En qué situaciones crees que Él te ama más? ¿Crees que Dios te ama igual que a cualquier otra persona en el mundo? Cuando las dificultades vienen, ¿dudas del amor de Dios por ti?, ¿o intentas ser más recto para que Él te quiera más? Pídele a Dios en los próximos días que te revele la profundidad de su amor por ti.

Para trabajar en grupo

1. Compartan alguna experiencia que hayan vivido, en la que dudaron de que Dios estuviese cuidando de ustedes.

2. ¿Cómo se sienten ahora? Si alguno aún se siente inseguro, puede preguntarle a Dios qué hacer para cambiar su percepción de lo sucedido.

3. Si miran hacia atrás y son conscientes de que Dios los amaba aunque en ese momento no lo sintieran, ¿qué aprendieron en el proceso?

4. ¿Cómo podemos animarnos unos a otros para estar seguros del amor de Dios en lugar de dudar de él?

Dios no está callado:
la Palabra habló, no desde
una columna de humo,
sino desde la garganta
de un judío de Palestina.

Philip Yancey, *El Jesús*
Que Nunca Conocí

Lo que los discípulos de Jesús no sabían

¿PUEDES IMAGINAR cómo debió ser para Jesús la primera vez que se sentó con el grupo de discípulos después de que se hicieron amigos?

Todos sabemos lo que cuesta relacionarse con gente nueva (o hacer nuevos amigos): Los silencios incómodos y las palabras calculadas cuando la gente se está conociendo. Seguramente los discípulos pasaron por esto con Jesús. ¿Quién era este maestro y hacedor de milagros y quiénes eran estos hombres que decidieron seguirle?

Pudo suceder durante una conversación después de una comida, o caminando juntos por el camino, pero en algún punto se sintieron lo suficientemente seguros con Él y entre ellos mismos, como para bajar la guardia. Ya no más palabras calculadas o tratar de impresionarse mutuamente; se relajaron y se atrevieron a ser amigos —la libertad de ser honestos, reír, hacer preguntas aparentemente estúpidas y relajarnos en presencia de otros.

¿Cómo se pudo sentir Jesús? ¿Era esto lo que siempre había deseado?

Por primera vez, desde aquel cruel día en el Edén, Dios estaba sentado con la gente que amaba y ellos no se sentían atemorizados.

Por siglos, hombres y mujeres habían permanecido a una gran distancia de Dios, avergonzados por su pecado e intimidados por la su santidad. Con unas pocas excepciones notables, las personas no querían tener nada que ver con la presencia de Dios. Cuando el Monte Sinaí se estremeció con truenos y terremotos, la gente le rogó a Moisés que buscara a Dios por ellos. Dios era una figura aterradora y sentirse seguro con Él era impensable.

Pero Dios jamás quiso que fuese de esa manera. Reveló su plan, para restaurar su relación con el ser humano, relación que Adán y Eva perdieron en su caída. A través de Jesús, Dios fue capaz de sentarse en compañía de aquellos que amaba y ellos se sintieron lo suficientemente cómodos como para tener una conversación auténtica con él. Qué momento tan increíble tuvo que haber sido para Jesús, estar con gente que no estuviera tan impresionada por su presencia, como para no poder disfrutarla.

Por supuesto, esto solamente podía pasar porque no tenían ni idea de que era Dios mismo, quien avivaba el fuego mientras se sentaban alrededor de Jesús y se reían. Mientras que nosotros sabemos que Jesús era Dios encarnado en la tierra, ellos ni se lo imaginaban, siendo esa la gran diferencia.

DIOS DISFRAZADO

Me gusta llegar temprano a los lugares donde voy a hablar para poder conocer a la gente que me ha invitado y tener tiempo de mezclarme con ellos. Me presento a mí mismo sólo con mi primer nombre y no digo que soy el orador. Sorprendentemente muy pocos de ellos se imaginan que soy el predicador y de esa manera puedo tener una conversación auténtica, con las personas a las que poco después les voy a hablar.

He aprendido que la gente me trata diferente antes de enterarse que soy el orador o escritor que vino de otro sitio. Son mucho más auténticos, y de forma voluntaria hablan libremente acerca de sus vidas y aspiraciones. Una vez que saben quién soy, todo cambia. Se vuelven más concienzudos e inhibidos, prefiriendo enfocarse en preguntarme cosas sobre mí y mi trabajo. El nivel de amistad que más disfruto con la gente, se destruye tras saber quién soy.

Admito que esto puede ser un poco confuso. He observado a la gente retraerse con vergüenza cuando finalmente me presento. Algunos incluso se disculpan por no haberse dado cuenta de quién era, y haberse puesto a hablarme de sus hijos o su trabajo, como si esas cosas se hubieran vuelto triviales por causa de quien soy. Pero les recuerdo que fui yo el que les preguntó primero, y que no lo hubiera hecho si no me interesaran tales temas.

Una vez que la gente me pone la etiqueta de "orador invitado", me resulta difícil quitármela. Normalmente la gente tarda en relajarse y en permitirme ser su hermano en Cristo, que es lo que realmente soy. La misma sensación de incomodidad que me produce el estar atrapado en el papel de "orador invitado", me imagino que es la que Dios podría sentir. Por eso, entiendo por qué tuvo que "disfrazarse" para poder tener la relación que siempre quiso tener con el hombre.

Los discípulos estuvieron físicamente con Dios, y permanecieron completamente ignorantes a ello. Por supuesto sabían que Él era un hombre de Dios. ¿Quién hubiese podido presenciar sus milagros y escuchar su sabiduría sin darse cuenta de eso?

Por lo menos, en una ocasión lo identificaron como el Mesías, pero no había nada en la esperanza judía que esperase que el Mesías fuese Dios encarnado en hombre. Esperaban que el Mesías fuese un hombre revestido con el poder de Dios, como Moisés, David o Elías. Pero la idea de que Dios mismo tomara forma de carne humana y viviera de esa manera en la tierra era impensable.

¿Cómo podría vivir el Dios Santo entre gente pecadora y relacionarse con ellos cara a cara? La historia de los judíos nos relata momentos en los que la presencia de Dios venía a su pueblo. Aún el más justo de los hombres caía sobre su rostro en temor reverente, y algunos de los más impíos morían. Pensaban que eso era lo que Dios quería, pero como veremos, estos resultados tenían más que ver con cómo reacciona el pecado ante Dios que en cómo Dios quería ser conocido.

LA REVELACIÓN

Así que Dios se disfrazó, primero como un bebé en un pesebre, luego como un niño creciendo en Nazaret y finalmente como un joven caminando por las colinas de Galilea. Nadie se podía ni imaginar que Dios había venido a vivir entre ellos; y por eso nadie sintió pánico ni actuó con reservas delante de Él.

Por primera vez, desde que caminó en el huerto con Adán y Eva, Dios estaba entre la gente en la forma en que siempre quiso estar. Las vidas quebrantadas se presentaban delante de Él y no experimentaban rechazo. Sus seguidores se sentían lo suficientemente seguros en su presencia como para ser genuinos, incluso cuando esto revelase la codicia por el poder o la arrogancia sobre los demás. Ahora Dios podía experimentar la relación que siempre había querido tener con su pueblo y a través de ella liberarlos del pecado.

Ni siquiera en los últimos días de Jesús, antes de ser crucificado, los discípulos pudieron imaginarse quién era Él realmente. Durante la última comida que tuvo con ellos Jesús les dijo, "si vosotros realmente me conocierais, conoceríais también a mi Padre" Cuando los discípulos le preguntaron sobre esto, fue porque realmente no tenían ni idea de quién era el Padre, Jesús les dijo claramente: "¿Tanto tiempo llevo ya entre ustedes, y todavía no me conocen? El que me ha visto a mí, ha visto al Padre. ¿Cómo pueden decirme: "Muéstranos al Padre"? (Juan 14:7-9)

Pero ahora quería que supieran todo. Estaba a punto de quitarse el disfraz. "¿No creéis que estoy en el Padre, y que el Padre está en mí?" En pocas horas Él sería arrancado de su lado, enjuiciado, torturado y ejecutado. La próxima vez que los discípulos lo vieran sería el Cristo resucitado. No habría nada oculto acerca de quién era Él realmente.

¿Cómo lo tratarían a partir de ese momento los discípulos? ¿Se llenarían de terror ante su majestuosidad? Jesús no quería que cuando se dieran cuenta se destruyera la relación que había cultivado con ellos, sino que creciera y se hiciera aún más fuerte.

La intención que tuvieron sus palabras en el aposento fue la de ayudarlos a mover la relación que habían experimentado con Jesús en la carne, hacia el Padre que aún no conocían, hacia el Cristo resucitado, y hacia el Espíritu Santo. En vez de estar con ellos en carne, Dios vendría y entraría en ellos. Pero la relación no sólo continuaría allí, sino que también les dijo que sería mucho mejor que la que habían experimentado hasta ahora con Él: " En aquel día ustedes se darán cuenta de que yo estoy en mi Padre, y ustedes en mí, y yo en ustedes" (Juan 14:20).

Lee estas palabras otra vez. Habiéndoles dicho que Él y el Padre eran uno porque el Padre estaba en Él, los invitó a tener esa misma relación. *Estaréis en mí y yo en vosotros.*

Con estas simples palabras Jesús reveló el deseo que Dios había tenido desde el primer día de la creación —invitar a hombres y mujeres a la relación que ha tenido consigo mismo por toda la eternidad. Es como si Ellos (Padre, Hijo y Espíritu Santo) no pudieran guardarse ni por un momento más para Ellos solos la alegría, el amor, la gloria y la confianza que siempre han compartido juntos. Su propósito al crear el mundo era invitarnos como su creación a compartir la maravilla de esa relación.

TIERNAS IMÁGENES

La amistad que Jesús compartió con sus discípulos es el modelo de relación que Él quiere hacer extensiva a ti. Él quiere ser la voz que te conduzca a través de cada situación, la paz que mantenga tu corazón en calma, y el poder que te sostenga en medio de la tormenta. Él quiere estar más cerca de ti que tu mejor amigo, y ser más fiel que cualquier otra persona que jamás hayas conocido.

Sé que esto suena absurdo. ¿Cómo es posible que simples seres humanos puedan disfrutar de una amistad tal con el Dios Todopoderoso, el que creó con su palabra todo lo que vemos? ¿Me atreveré a creer que Él conoce y cuida cada detalle de mi vida? ¿No es presuntuoso imaginar que este Dios podría deleitarse en mí, cuando yo todavía lucho con las debilidades de mi carne?

Y lo sería si ésta no fuera realmente idea suya. Él es quien te ofrece ser tu Padre amoroso —compartiendo la vida contigo de una forma en que ningún padre terrenal podría hacer.

No lleves esta invitación a un plano espiritual abstracto. Cuando la Escritura habla acerca de la relación que Dios quiere tener con nosotros, nos dibuja las imágenes más tiernas de este mundo. Nos describe como niños amados por un Padre lleno de gracia, la novia de un novio ansioso y expectante, los amigos que Él quiere lo suficiente como para morir por ellos y los pollitos corriendo bajo las alas protectoras de la gallina.

La intimidad y la seguridad de una relación con Él construida con base en el amor y la confianza, es algo que Dios se toma muy en serio. Muchos rehúyen ante tales pensamientos, sintiendo que están disminuyendo la trascendencia del Dios Todopoderoso. Para ser honesto, esos miedos son reforzados con frecuencia por aquellos que fingen tener un compañerismo con Dios que desfigura quien Él realmente es.

Pero no debemos permitir que estos comportamientos, nos priven de la relación auténtica que Dios nos ofrece. Como veremos, entrar en una verdadera amistad con el Dios viviente no le resta valor a quién es Él. No lo rebaja a nuestro nivel para que lo tratemos de manera frívola; sólo define su Paternidad de una forma mucho más grandiosa.

El hecho de que mi padre terrenal sea mi amigo no disminuye su paternidad. Sólo la define más claramente. El hecho de que yo sea su amigo, no significa que no le respete como lo que es, mi padre. Él quiere que confiemos en su amor de tal manera que podamos sentirnos seguros en su presencia. Pero sigue siendo la presencia del Dios viviente, lo que hace que esta amistad sea algo mucho más increíble.

Para vivirla, sin embargo, necesitamos apreciar cuán grandemente somos amados. Esto, no ha sido fácil para una generación de creyentes a quienes se les ha invitado a conocerlo, no por lo maravilloso que es en sí hacerlo, sino porque estamos aterrorizados por la amenaza de una eternidad en el infierno.

Ya no os llamaré siervos, porque el siervo no sabe lo que hace su señor; pero os he llamado amigos, porque todas las cosas que oí de mi Padre, os las he dado a conocer.

—Juan 15:15

Para tu viaje personal

Tómate un momento para pensar acerca de tu relación con Dios. ¿Está creciendo en cercanía y sensibilidad, o la sientes más bien como algo abstracto? ¿Es más real que tu mejor amigo, o es más bien una presencia distante que raramente parece estar interesado en las situaciones de tu vida? Si tu relación con Él no es lo que quieres que sea, pídele que te ayude a intimar más con Él y a reconocer su presencia cada día.

Para trabajar en grupo

1. Compartan sus pasajes bíblicos favoritos en los que Dios se se le manifieste a alguien.

2. ¿Qué ven en la relación que Jesús tenía con sus discípulos que quisieran ver en su relación con él?

3. Compartan alguna de sus experiencias personales de cuando sabían que Dios estaba con ustedes de una manera tangible.

4. Dialoguen unos minutos sobre qué pueden hacer para llegar a conocer mejor a Dios.

*La posesión satánica es
la que hace que los hombres
y las mujeres no puedan
amar a Dios
por su propio bien.*

DAVID BOAN Y JOHN YATES,
MANUSCRITO NO PUBLICADO

3

Amenazados con el infierno

LA PREGUNTA ES DETERMINANTE. "¿Sabes a donde irás si mueres esta noche en un accidente de tráfico?"

El evangelista mostró las opciones. Podrías encontrarte en un huerto eterno de exquisita belleza, adornado con aceras de oro —o gimiendo en agonía entre las llamas de azufre del infierno.

Si alguna vez hubo una decisión que pudiésemos definir como "sin pensarla" sería esta. Una vez que convences a alguien de que existen el cielo y el infierno, ganar un converso es fácil. Después de todo, orar pidiendo perdón y "aceptar a Jesús" parece un precio pequeño por obtener una tarjeta que diga: "¡Absuelto del Infierno!"

Esta apelación a los peores temores e inseguridades es tan efectiva, que el infierno se ha convertido en la manera más popular de invitar al Reino de Dios. Lo que no hemos examinado de manera crítica es si amenazar a la gente con el infierno, la atrae o no a la relación que Dios siempre ha querido tener con ellos.

Vivimos días en que millones de personas hacen un compromiso con Cristo, y a pesar de ello, son realmente pocas vidas las transformadas por su poder. Se ha dicho de esta generación que nuestro cristianismo tiene mil metros de ancho pero sólo un centímetro de profundidad. Vemos los ejemplos de ello por todas partes: personas que dicen conocer a Dios, pero no muestran ninguna evidencia de transformación en sus vidas. Los retamos tratándolos de hipócritas, intentando llevarlos a un estilo de vida más recto, pero al final, la mayoría de los creyentes terminan formando parte de la manera de vivir del mundo, como sus vecinos no creyentes.

A pesar de que la amenaza con el infierno puede producir compromisos al instante, no es el estímulo para ser discípulos a largo plazo. Si estás en este Reino porque tienes miedo de la otra opción, te has perdido la mejor parte de lo que significa conocer a Dios.

¿POR QUÉ LA AMENAZA?

Nadie amenaza con hacer algo maravilloso. Mis padres no me amenazaban con castigarme obligándome a ir a Disneylandia. Pero sí haciéndome ir al dentista o trabajar en el viñedo, eso era otra cosa.

Así que, si me dicen que debo amar a Dios o de lo contrario, seré arrojado al infierno, mejor consideraré amarle —o al menos, intentaré hacerlo. Pero si la única razón por la que respondo a Dios es por el interés de escapar de una horrible eternidad en el infierno, ¿realmente estoy amando a Dios, o a mí mismo?

¿Puede una verdadera amistad brotar de tal amenaza? Digamos que me acerco a una persona que acabo de conocer esperando tener una amistad. Le digo, "realmente aprecio el tiempo que hemos pasado juntos. De hecho, me gustaría estrechar nuestra amistad. ¿Te gustaría que durante los próximos meses pasáramos más tiempo juntos para ver si esta amistad tiene futuro?"

Hasta ahora, todo bien. Pero, ¿qué tal si añado una frase más?: "Espero que lo hagas, porque si no, voy a perseguirte y torturarte hasta el fin de tus días." ¿No ha tomado la invitación un giro malévolo? Quizá mi conocido hubiese querido tener una amistad conmigo, pero ahora esta posibilidad se ha dañado debido a mi amenaza. ¿Qué diría esto acerca de mí?, y ¿cómo podría alguien sentirse seguro alguna vez en una amistad construida sobre el miedo?

Seas consciente o no, la amenaza del infierno puede crear una contradicción interna en nuestra percepción del Dios que busca nuestro amor. ¿Cómo podríamos sentirnos seguros con un Dios que está buscando ansiosamente lanzarnos a las llamas del infierno? Si Él no puede hallar ninguna otra manera de atraernos hacia sí mismo, entonces ¿qué clase de Dios debe ser? Y si nosotros no podemos hallar una mejor razón para amarlo, ¡qué triste y superficial es nuestra fe!

Hace quince años, en un anuncio a toda página de una popular revista cristiana, se podía leer la siguiente cita realizada por un pastor:

> *Si Dios llevara a todos los pastores al infierno por una fracción de segundo, y les metiera sólo hasta la punta de sus zapatos de manera que pudieran quemarse, y sus ropas y piel se llenaran de negro hollín y sus zapatos se medio derritieran, pienso que su compromiso con la Gran Comisión crecería sustancialmente.*

Triste y probablemente tenga razón, pero esto sólo apunta a nuestras debilidades, más que a la intención de Dios. La amenaza con el infierno puede hacer que la gente evangelice más, repita una oración de fe o incluso se haga miembro de una congregación, pero haciéndolo por esa motivación, tendrán una visión deformada de Dios, como alguien que se deleita viendo cómo se derriten las suelas de nuestros zapatos. Tal punto de vista acerca de Dios no nos invita a las profundidades de su amor.

¿IMÁGENES CONTRADICTORIAS?

Tenemos un problema, ¿no es cierto? La Escritura parece pintar dos imágenes contradictorias del Dios viviente: Un Juez terrible y un Padre amoroso. ¿Cuál de las dos es real? ¿Pueden ser ambas?

Hemos leído que Dios no sólo ha preparado el infierno para los incrédulos, sino que también mandó a Josué a que practicara una limpieza étnica en Canaán; leímos cómo consumió con fuego del cielo a Sodoma y Gomorra y abrió la tierra para que se tragara a quienes se opusieron a Moisés. Parecía un Dios inalcanzable en su pureza, aún el más justo caía sobre su rostro delante de su presencia, paralizado debido a su propia indignidad. Dios demandó obediencia ciega y castigó con sufrimiento indecible a aquellos que no se sometieron.

No es de extrañar que estemos, al menos, un poquito confundidos cuando ese mismo Dios aparece en el Nuevo Testamento diciéndonos cuanto nos ama e invitándonos a ser sus hijos. Vimos a Jesús sanando enfermos, perdonando a prostitutas y asesinos, yendo a las casas de los pecadores. Invitó a los niños a su regazo y dibujó a su Padre tan tiernamente que el más apartado pecador podría correr a su lado con absoluta confianza.

Así que, ¿qué le pasó a Dios? ¿Se "transformó" en algún momento entre Malaquías y Mateo? ¿Se reinventó a Sí mismo, convirtiéndose en un Dios más gentil y agradable? ¡Por supuesto que no! Él ha sido, es y será el mismo por toda la eternidad.

Entonces, ¿es Él la misma persona? ¿Es Él tierno y amable ante aquellos que lo complacen, y vengativo con los impíos? Esto es lo que a muchos de nosotros nos enseñaron a creer, y por eso terminamos jugando al juego de, me ama, no me ama, me ama, no me ama. Transitamos a través de cada circunstancia tratando de imaginarnos si gozamos de su favor o no, si estamos dentro o fuera. Si pensamos que estamos dentro, podemos relajarnos y dejarnos llevar. Pero, si pensamos que nuestras dificultades demuestran que estamos fuera del favor de Dios, nos esforzamos lo más posible por agradarle —con una manera de vivir contra la cual nos advierte Pablo. La verdadera justicia no puede venir del esfuerzo humano.

He aquí el problema. Yo no puedo complacer a Dios hasta que esté convencido de su amor por mí, pero Él no me amará si no le complazco. Este es un círculo vicioso que no ofrece ninguna solución. ¿Cómo puede ser un dios malo y vengativo en un momento y al siguiente, un dios tierno y amable? Estos retratos no muestran al mismo Dios en distintas circunstancias, sino que muestran dos naturalezas de Dios contradictorias que nos dejan confundidos.

A menos que podamos obtener de la Escritura una visión homogénea de la naturaleza de Dios, nunca conoceremos quién es Él realmente, ni tendremos la confianza de abrazar la relación que Él desea con nosotros. Dios no cambió entre Malaquías y Mateo. Nuestra percepción de Él, sin embargo, cambió drásticamente.

Antes de que Jesús viniera, solamente podíamos ver los actos de Dios y asumir que sus motivaciones eran similares a las nuestras. Sus actos contra el pecado le hicieron parecer como si no le importara la gente. Sus intentos de enseñar a su pueblo a confiar en Él fueron malentendidos como castigos vengativos.

Jesús cambió todo eso. Al escuchar sus palabras y mirar cómo vivió, de repente vemos las motivaciones de Dios. Jesús reflejó completamente la gloria del Padre para que pudiéramos conocerlo como era realmente y no ser más víctimas de nuestras propias malas interpretaciones. El amor fluye desde lo más profundo del ser de Dios, y el Antiguo Testamento contiene cientos de imágenes de un Dios que es grande en misericordia, dispuesto a perdonar, y apasionado por librarnos del pecado, pecado que disminuye y devora la vida que Dios quiere que experimentemos en Él.

Él permite las consecuencias del pecado, no porque se deleite con nuestra angustia, sino para que podamos ver su devastador efecto y corramos hacia el único que puede librarnos de dicho efecto. Su ira contra el pecado no conlleva su rechazo hacia nosotros, sino sólo el reflejo de lo profundo de su amor, que no puede mirar hacia otro lado sin preocuparse de cómo el pecado nos destruye.

Estos asuntos no son meramente filosóficos. Si no estamos convencidos de los motivos de Dios hacia nosotros, nunca tendremos la confianza de enlazar su presencia con la realidad de nuestras vidas. Le mantendremos a una distancia segura y nos perderemos lo que Él más desea para nosotros, la amistad más real y poderosa que jamás hayamos conocido antes.

¿TENGO QUE HACERLO?

Aquellos que deciden seguir a Dios sólo porque no quieren ir al infierno, nunca descubrirán lo increíble que es realmente el Padre. Ven el cristianismo como una carga pesada y no quieren hacer, como cristianos, ni un poquito más de lo necesario.

He escuchado hablar de este tema muchas veces. Muchos de los que luchan con el pecado o quieren que la Biblia señale los límites para el creyente, me preguntan cuál es mi opinión sobre lo que deben hacer. Cuando les digo lo que la Escritura parece decir, veo esa mirada en sus ojos —intentando fervientemente encontrar una rendija, a través de la cual puedan escaparse para tener lo que desean y no acabar en el infierno.

Una mujer que quería casarse con un hombre que no compartía su fe, preguntaba: "¿Debo rechazarlo, para ser salva?"

El hombre iracundo que no quería perdonar a quien lo estafó, cuya pregunta fue: "¿Debo hacerlo, para ser salvo?"

La persona que quería justificar el hábito del que Dios quería liberarla: "¿Debo hacerlo para ser salva?"

¿Cómo responde uno a tales preguntas? Si dices que sí, entonces restas el poder a la cruz, sustituyéndolo por el esfuerzo humano. Si dices que no, lo usarán como excusa para disculparse a sí mismos en una idea falsa de lo que significa vivir en Dios.

La pregunta en sí misma es injusta, y nos muestra cuánto se ha apartado el cristianismo de su propósito central. En vez de desear caminar en amistad con Dios, solamente nos preocupamos por asegurarnos de tener los beneficios de Dios. ¡Deseamos su bendición, y no a Él! ¡Qué doloroso debe ser esto para Dios!

Es como si yo invitase a mi hijo adulto a cenar un viernes. Él duda por un momento. Es obvio que no quiere venir, pero antes de responderme me hace una pregunta: "Papá, podría ir, pero hay otras cosas que me gustaría hacer, ¿me desheredarás si no voy?"

¿Qué respuesta puede dar un padre a esa pregunta? Ninguna sería realmente satisfactoria, porque la pregunta deja de lado la relación entre padre e hijo. Es cierto, Dios tiene las mejores recompensas en el universo entero, pero la persona que las busca, sin desear conocerle, falla en su percepción de lo que es la verdadera vida del reino.

Eso es lo que las personas están diciendo cuando se preguntan si pueden hacer tal o cual cosa sin arriesgar su salvación. No quieren ni una gota más de la vida de Dios, más allá de lo mínimo que se requiera para escapar del infierno. ¡Qué tragedia! No alcanzan a imaginarse que han perdido el mejor regalo que Dios podría darles. Lo que Jesús quería desesperadamente era librarlos de la tiranía de ganar la vida eterna por su propio esfuerzo religioso.

Todo esto no significa que el infierno no exista, o que rechazar a Dios traerá graves consecuencias. La Escritura es muy clara en este punto. Lo que estoy diciendo es que cuando usamos la amenaza con el infierno para motivar a la gente a venir a Dios, lo estamos haciendo de una manera en la que Jesús nunca lo hizo, ni jamás tuvo la intención de hacerlo. De esta forma, empujamos a las personas lejos de Dios, en vez de invitarlas a acercarse a Él.

Su mensaje no fue "acércate a Dios o arderás en el infierno". Su mensaje fue: el reino de Dios se ha acercado y puedes ser partícipe de él. Tienes un padre que te ama más de lo que nadie te ha amado o te amará, y puedes descubrir ahora lo que significa tener una relación diaria con Él. Si eliges no acercarte a Él, finalmente, tu propio pecado te destruirá por completo.

Jesús comparó esta vida con un tesoro descubierto en un campo, algo tan valioso que podrías dar todo lo que posees por tenerlo. Su vida no es una regla que tienes que seguir. Vale la pena conocerlo sólo por lo increíble y asombroso que es Él. Si quieres sus regalos sin quererle a Él, te estás engañando a ti mismo con una pequeña parte, y te estás perdiendo la mejor.

Por lo tanto, el temor al infierno no nos sirve para nada. La inseguridad que trae solamente nos llevará más lejos de Dios y nos hará dudar acerca de quién es Él. Jesús quería que tuviéramos bien claro quien es su Padre, para poder crecer en Él en la medida en que podamos confiar en su amor por nosotros.

No hay ningún Dios que ame con todo su ser. Su amor va más allá de todo pecado y fracaso, con la esperanza de que en algún momento toda persona llegue a saber hasta qué punto es amado.

No existe nada más importante en la vida que debas saber que esto.

> *El reino de los cielos es semejante a un tesoro escondido en el campo, que al encontrarlo un hombre, lo vuelve a esconder, y de alegría por ello, va, vende todo lo que tiene y compra aquel campo.*
>
> —MATEO 13:44

Para tu viaje personal

¿Has venido a Dios sólo porque tuviste miedo de la otra opción, o viniste a Él cautivado por su amor? ¿Ves a Dios como un juez severo, o como un Padre amoroso? Si es lo primero, pídele que se te muestre como es Él realmente. En las próximas semanas busca las formas en que Dios pueda ayudarte a dejar tus temores y permitir que su amor capture tu corazón, de tal manera que se convierta en tu única motivación para seguirle.

Para trabajar en grupo

1. ¿Por qué la gente religiosa amenaza con el infierno para tratar de conseguir que la gente se acerque a Dios?

2. Piensen en Dios apareciéndose en sus vidas, ¿qué ven? ¿Cómo actuaría Él?, ¿qué sentiría por cada uno de ustedes? ¿Pueden imaginarse a Jesús tratándolos de esa manera si viviese hoy? ¿Cómo pueden reconciliar esas dos visiones?

3. Piensen en la relación que Jesús nos ofreció tener con su Padre. ¿Qué podríamos decirle sobre esto a la gente que no conoce qué clase de Dios es Él?

4. Pídanle a Dios que los libere del temor a su juicio y que, en lugar de eso, los enseñe cómo confiar en su amor.

Si tomamos toda la bondad,
la sabiduría y la compasión
de las mejores madres y padres
que han existido, serían sólo
una sombra del amor
y la misericordia que hay en
el corazón del Dios redentor.

4

BRENNAN MANNING,
LA FIRMA DE JESÚS

Un padre como ningún otro

"¡EL VIEJO ES UN TONTO! Y mi hermano también. ¡Nos vemos!"

Si esas no fueron sus palabras, al menos, así lo expresó con su actitud. ¡Cómo debió complacerle que su padre le diera la parte de la herencia que había exigido! Fue finalmente libre de su padre y del duro trabajo en la granja familiar. Con más dinero del que podría gastar durante toda su vida, salió a encontrarse a sí mismo en un mundo lleno de oportunidades.

Pero no todo salió como esperaba. ¡Con qué rapidez sus excesos y placeres devoraron su dinero! Después, cuando una grave hambruna azotó el país donde estaba, tuvo que usar lo que le quedaba para sobrevivir. Pero incluso llegó a quedarse sin nada, y tuvo que venderse como esclavo a un amo que alimentaba a su ganado mejor que a sus siervos.

Un día se encontró comiendo la porción de los cerdos, y sólo entonces pensó en su casa de nuevo. Esta vez no menospreciaba el hogar, anhelaba estar allí. Se preguntó si sería posible volver allí de nuevo.

Tradicionalmente, a esta historia se la llama la "Parábola del Hijo Pródigo" y es una de las narraciones de Jesús más conmovedoras. Ha sido contada una y otra vez, porque es muy fácil identificarse con el hijo y con la misericordia que recibió a pesar de su arrogancia y estupidez.

Al centrarnos en el hijo pródigo, podemos perder la enseñanza central de la parábola. El pródigo era sólo uno de los dos hermanos, cada uno de los cuales lidiaba con un alejamiento de su padre, aunque de forma muy diferente.

El personaje central es el padre, y por este motivo me gustaría que la llamáramos la "Parábola del Padre Increíble", porque Jesús usó esta historia para pintar un retrato de su Padre, y créanme, este no es como ningún otro padre que jamás hayas conocido.

¿QUÉ CLASE DE PADRE ES ÉSTE?

Cualquiera que haya escuchado esta historia por primera vez, podría extrañarse con las acciones del padre. Su arrogante hijo lo deshonró pidiéndole su herencia mientras el padre vivía y todo indicaba que todavía estaba lejos de las puertas de la muerte. ¿Qué clase de hijo reclama su herencia mientras su padre aún vive? ¿Cómo se atreve incluso a preguntar tal cosa?

Aunque su petición fue cruel, podemos entenderla. Todos sabemos lo que es querer tener el dinero de papá, pero la mayoría de nosotros somos demasiado educados como para ir más allá del deseo. Sin embargo, este padre es el que desafía la comprensión.

¿Qué responde el padre a la escandalosa petición? *Le dio lo que le pedía*. Esta respuesta es aún más sorprendente que la petición del hijo. Dividió la herencia entre sus dos hijos y le permitió irse. ¿Cuántos padres harían esto, especialmente cuando saben que su hijo no es bueno? ¿Qué clase de padre era este?

El hijo derrochó su herencia en sus propios placeres, en vez de invertirla para el futuro. Pero el padre no lo regañó. Por último, perdió todo y terminó en la miseria. Pero el padre no trató de rescatarlo.

¿Dónde está el padre? En la granja esperando. No persigue a su hijo para decirle lo tonto que es, ni corre a comprarle comida cuando el hambre le llega. Él espera.

¿Qué clase de padre es este?

¿Es indiferente al sufrimiento de su hijo? Cualquier padre que ha visto a su hijo o hija tomar malas decisiones, sabe que la espera es mucho más difícil que ir en su auxilio o regañarle. Pero lo que hizo este padre fue esperar, para permitir que algo maravilloso sucediera —que su hijo volviera en sí.

Sin embargo, podemos ver hasta qué punto esa espera fue angustiosa. Años más tarde, cuando el hijo regresó, el padre lo reconoció a lo lejos. Esto solamente podía ocurrir, porque el padre estaba constantemente mirando el horizonte por si regresaba su hijo. Probablemente nunca anduvo por el camino sin mirar más allá, con la esperanza de que, contra todo pronóstico, ese fuera el día en que su niño regresaría a casa. Puedo verlo con un ojo puesto en su trabajo y el otro en el camino, en busca de los andares de su querido hijo. Hasta que un día lo vio, muy delgado por el hambre que había pasado y hundido en la humillación. "¡Es él!, ¡es mi hijo!".

¿Qué hizo entonces?, ¿se quedó de pie en el patio con los brazos cruzados, esperando a que su hijo recorriera todo el camino hasta llegar a casa humillado y cayera en el suelo, rogando por su comida? Eso es lo que yo habría hecho. Incluso hubiera practicado mi discurso: "Espero que hayas aprendido la lección". Pero este padre, no.

Sin dudarlo, el padre salió del porche y corrió por el camino. Todavía es más sorprendente cuando recordamos cómo iba vestido. No llevaba pantalones, sólo una engorrosa túnica. En ese tiempo, era deshonroso para un hombre mayor correr mostrando sus piernas. Pero este padre, una vez más, mostró su amor sacrificando su propia dignidad por respeto a su hijo. Se remangó la ropa y se dirigió por el camino tan rápido como pudo.

¿Qué clase de padre era este?

¿Se imaginan lo que su hijo debió pensar cuando miró y vio a su padre abalanzándose sobre él? "¿Estará mi padre contento o enfadado?" Debió haber pensado lo último, para lo cual ya tenía un discurso preparado antes de que su padre le dijera cualquier cosa: "Ya no soy digno de ser llamado tu hijo; hazme como uno de tus siervos".

Pero sus palabras no fueron escuchadas por el padre, el cual llegó a su hijo con abrazos y besos de alegría. Ni un toque de ira salió del padre, ni qué decir sobre la oferta para ser su siervo. Le embargó la alegría, el hijo que siempre había amado había encontrado el camino a casa.

Momentos más tarde llegaron los sirvientes del padre. Debieron haberlo visto correr por el camino y lo persiguieron, ansiosos por ver lo que le haría a su egoísta hijo. Qué impactante debió ser ver aquella celebración. El padre les dijo: "Traigan una túnica, un anillo y un par de sandalias nuevas. Enciendan el fuego y vayamos a prepararnos para celebrar una fiesta".

¿Una fiesta? ¿Por el hijo que ha terminado con la herencia familiar en sus propios placeres? ¿Cómo puede ser esto? ¡El hijo se merecía un castigo, no una fiesta!

¿Qué clase de padre era este?

LO QUE MÁS QUIERE EL PADRE

¿No es sorprendente cómo en cada punto de la historia este padre actuó completamente al contrario de cómo esperaríamos que actuara un padre amoroso?

Él nunca debió haberle dado la herencia por adelantado, a su irresponsable hijo. No debió haber esperado a que gastara todo el dinero. Y sin duda, no debió haberle dado una bienvenida tan cariñosa, sin hacerle pagar por su estupidez. Estas acciones no tuvieron ningún sentido, a menos que quisiera de su hijo algo más que un comportamiento responsable.

Si bien parecía que lo que marcaba la historia era el deseo del hijo, una mirada más de cerca, muestra que es lo contrario. La clave aquí, se encuentra en lo que quiere el padre, sin escatimar nada para obtenerlo. ¿Qué crees que era lo que quería?

¿Sería estar con sus hijos, o que ellos trabajaran en sus tierras? No, la historia comenzó allí. Pudo fácilmente haber rechazado la petición de su hijo sin darle oportunidad de echar a perder su vida. No fue suficiente para este padre. Él quería algo más.

Lo que él no tenía era una relación amorosa con ninguno de sus hijos. El hijo más joven le vio sólo como un medio para satisfacer sus placeres; el mayor como un amo a quien debía servir en sus tierras. Ambos estaban en la casa, pero ninguno por amor. ¿Pudo haber sido esa la razón por la que el padre dejó ir al menor? En vez de forzarlo a quedarse y aumentar así su hostilidad, lo dejó ir para que llegara al fondo de su autosuficiencia y viera quién era su padre realmente.

Fue justo en el momento cuando miraba con hambre la comida que les daban a los cerdos, cuando se dio cuenta que su padre era un hombre mucho más bondadoso que el granjero para el que trabajaba. Entonces, volvió en sí y decidió regresar a su casa. Pero todavía no tenía ni idea de la clase de padre que iba a conocer. Temeroso de su ira, avergonzado por el desorden en el que se encontraba su vida, preparó un discurso confesando su indignidad de ser considerado su hijo.

Todavía no sabía lo mucho que su padre lo amaba ni que, nada de lo que hubiese hecho en aquellos años, habría menguado ese amor.

El padre quería una amistad íntima con sus hijos. Quería que supiesen cuan amados eran, y poder experimentar el amor de ellos. No quería su obediencia, sino sus corazones. Sabiendo que esto solamente ocurriría cuando su hijo entendiera quién era su padre realmente, lo arriesgó todo permitiéndole que tuviera lo que quería. Sólo llegando al límite de sí mismo, podría entender lo que, durante todo ese tiempo, era importante para el padre.

Como padre de hijos ya adultos, lo entiendo perfectamente. No hay nada que valore más de mis hijos que los momentos de intimidad compartidos. Ellos saben que los amo, y responden de la misma manera hacia mí, no hay nada mejor.

Este es el punto de la historia de Jesús. El padre no estaba manipulando al hijo con nada de lo que hizo. Sólo estaba amando a su hijo al nivel más profundo posible. Ese amor explica por qué el padre lo deja ir primeramente y luego se apresura tanto para abrazarlo cuando regresa. Sabía que el pecado de su hijo había sido suficiente castigo. Corrió porque no quería que su hijo continuara siendo herido ni un solo segundo más del que fuera absolutamente necesario. Su dolor lo había traído a casa. No importaba nada más.

Dios se siente de la misma manera contigo. Él no está interesado en tu servicio o en tu sacrificio. Él sólo desea que sepas lo mucho que te ama, esperando que tú escojas corresponderlo con amor. Entiende esto y todo en tu vida estará en orden; de lo contrario nada cambiará.

VIVIR MENOS AMADO

En esta increíble historia, ¿en qué momento crees que el padre amó más al hijo?

Cada vez que comparto esta historia le hago a la gente esa pregunta. Casi siempre la primera respuesta es, el momento en que el padre se encontró con el hijo en el camino. Después de pensarlo un poco más, algunos sugieren que pudo haber sido cuando el padre le dio la herencia y lo dejó irse. Sólo entonces, se hace clara la respuesta: No hay un punto en la historia donde el padre haya amado al hijo más que en otro. A través de todo el proceso, el padre amó igualmente al hijo. Esta es la única constante en toda la historia.

Los eventos en la historia no pueden ser tomados como variaciones en el amor del padre —sólo como variaciones en la percepción del hijo. A pesar de que el amor de su padre no mengua en ningún momento, a lo largo de la mayor parte de la historia, el hijo vive como si fuera menos amado.

Cuando tomó el dinero de su padre y se fue de la hacienda, contento por haber salido de sus faldas y verse libre para hacer su vida, fue cuando vivió menos amado.

Cuando gastó su dinero en una tierra extranjera en sus propios placeres, pensando que finalmente había engañado a su padre, vivió menos amado.

Aún cuando inició su camino de regreso a casa practicando su discurso de arrepentimiento, deseando ser un esclavo de su padre, vivió menos amado.

Pero finalmente, cuando está de nuevo en casa, con su túnica, sus sandalias nuevas, su anillo, sentado a la mesa de su padre, hincándole el diente a esa tremenda chuleta, finalmente, lo entiende. Él era amado. ¡Pero si siempre lo había sido! Solamente que ahora podía dejar de vivir como si no lo fuese.

La mayor parte de nuestras vidas la pasamos sintiéndonos menos amados.

Cuando nos preocupamos por los horribles sacrificios que Dios nos pueda pedir, vivimos menos amados.

Cuando nos excusamos a nosotros mismos viviendo en pecado, vivimos menos amados.

Cuando caemos en ansiedad en medio de nuestras circunstancias, vivimos menos amados.

Cuando intentamos ganar el favor de Dios por nuestros propios esfuerzos, vivimos menos amados.

Incluso cuando vivimos inmersos en obligaciones religiosas para hacernos más aceptables ante Él, vivimos menos amados.

Esta es la historia del hermano mayor. Al final, estaba tan molesto con su padre por haber recibido al hijo descarriado en casa, que se rehusó a entrar a la casa y unirse a la celebración. Siempre había permanecido con su padre, nunca buscó sus propios deseos, pero la relación que el padre quería con él, también se había perdido. A pesar de ser hijo, se vio a sí mismo como un esclavo y cada petición que le hacía su padre, como una carga pesada.

El primer hijo representa a aquellos que corren lejos de Dios, excusándose por buscar solamente satisfacer sus propios intereses; el mayor representa a aquellos que trabajan duro para impresionar a Dios con su compromiso. Con miedo a decepcionarlo, trabajan como esclavos para Él, pero nunca han profundizado en la relación que el Padre quiere con ellos. Los fariseos en los días de Jesús eran así, y muchas otras personas, hoy en día, viven sujetos a las actividades religiosas, perdiéndose lo que realmente significa vivir en el amor del Padre.

A la larga no importa si la rebelión o la religión te mantienen apartado de una vibrante relación con el Padre, el resultado es el mismo: te han sacado de la relación que Dios quiere tener contigo, y nunca sabrás lo que Él siente por ti.

Jesús termina la historia en un punto interesante. El hijo menor estaba en la casa disfrutando de su nueva relación con el padre. El mayor, fuera, sopesando sus opciones. ¿Entraría para saber lo mucho que le amaba su padre y se uniría a la celebración, o permanecería fuera, molesto y solo, convencido de lo injusto que su padre había sido con él?

La decisión era suya — ¡y es tuya! Toda tu vida descansa sobre la respuesta a una simple pregunta. ¿Sabes cuánto te ama Dios? ¿No crees que ya es hora de averiguarlo?

> *[Y pido que] arraigados y cimentados en amor, puedan comprender, junto con todos los santos, cuán ancho y largo, alto y profundo es el amor de Cristo; en fin, que conozcan ese amor que sobrepasa nuestro conocimiento, para que sean llenos de la plenitud de Dios.*
>
> —Efesios 3:17-19

<><><><><><><><><>

Para tu viaje personal

Pídele a Dios que te muestre en qué áreas de tu vida vives menos amado. ¿Cuál es tu respuesta? ¿Eres independiente como el hermano menor quiso ser o trabajas duro como el mayor? Dios quiere que sepas que no puedes hacer nada para que Él te ame más, ni nada de lo que hagas puede hacer que te ame menos. Te ama. Pídele que te muestre lo real que es esto para que puedas vivir en libertad.

Para trabajar en grupo

1. Dialoguen unos minutos sobre con qué hijo te identificas más, si con el mayor o con el menor, y por qué. ¿Qué han aprendido acerca del amor de Dios en esta parábola?

2. ¿Qué tipo de cosas han hecho cuando se han sentido "menos amados" por Dios?

3. Comenten la manera en la que Dios les ha demostrado su amor, aún cuando no hicieron nada para merecérselo.

El gran peligro que enfrentamos
todos... es que algún día nos
levantemos y nos demos cuenta
de que hemos estado ocupados con
los azares y trampas de la vida
y realmente nos hemos perdido
la vida misma. Eso es lo que
pedimos en oración: que las vidas
de los que amamos se vean libres,
que obtengan satisfacción
con una vida que...no tenga
en ella ningún temor, producto
de una amistad con el Padre.

5

PHILLIP BROOKS (1835-1893), *SERMONES*

Bienvenidos a casa

HE VISTO ESA MIRADA al menos una docena de veces. *¿Debo confiar o no?*

Soy consciente de la batalla que se desarrolla dentro de la cachorrita que está en la calle y tiene que decidir si soy de fiar o no. La lucha es inevitable. Da unos pocos pasos hacia delante, lo piensa mejor y vuelve su cabeza como para romper un hechizo que está a punto de apoderarse de ella. Me encantaría sujetarla con prontitud, abrazarla y convencerla de lo segura que podría estar conmigo, pero si me abalanzo hacia ella, se escabulliría, aún más en la oscuridad. En ese momento, la perrita no tiene ni idea de lo que le esperaría si lograra vencer su miedo.

Si se viniese conmigo, todos los beneficios de mi casa estarían a su disposición, y por supuesto, son muchos. La larga lista de cachorros de la calle que hemos recogido delante de nuestra puerta, me hacen preguntarme si nuestra dirección no fue publicada en algún poste del barrio, ya que mi esposa tiene el corazón más blando que nadie, cuando se trata de un perro sin hogar.

Aquí los animalitos callejeros reciben el trato de realeza, que incluye baño contra pulgas, atención amorosa, y mucha agua y comida. Durante las semanas siguientes, mi esposa hará todo lo posible por encontrar al dueño, si es que la perra está perdida. Si eso falla, pondrá un anuncio en el periódico, prometiendo un cachorro gratis para un buen hogar y que solamente la dejará ir si la convencen de que la nueva familia la tratará bien.

Muchos se acostumbran al cariño rápidamente, pero otros actúan como si hubieran sido golpeados por todos los humanos que han conocido. En vez de correr hacia la puerta abierta, el camino iluminado y todo el amor que pueden recibir, se refugian en las sombras, desconfiando de que esa seguridad sea real.

El último cachorro es uno de esos. Cuando apareció, sabía que no había comido por un buen tiempo ya que pude contar cada una de sus costillas. Le extendí mi mano ofreciéndole comida. Lo llamaba con tono suave, intentando acariciarlo con mis palabras, pero no era sencillo. No lo obligué a entrar a mi casa, permitiendo que sus miedos pusieran en riesgo a mis hijos y a mis perros. Si ha de venir, tendría que hacerlo voluntariamente.

El juego continuaría por un tiempo, y a estas alturas se ve que el perro todavía duda: "¿Este hombre se hará cargo de mí y me cuidará, o será como los otros que me han herido y abandonado?" El perro no quiere más dolor; prefiere marcharse ahora, si mi invitación solamente va a añadir más pena.

Sé exactamente cómo se siente. Cada vez que participo en este juego, no puedo evitar pensar de qué manera refleja esto el trato de Dios hacia mí, y el tiempo duro que pasé aprendiendo a confiar en Él. La decisión de confiar nunca es fácil —ni para cachorros abandonados, ni para hijos e hijas abandonadas.

UN LUGAR PREPARADO

En el hogar de mi Padre hay muchas viviendas; si no fuera así, ya se lo habría dicho a ustedes. Voy a prepararles un lugar.3 Y si me voy y se lo preparo, vendré para llevármelos conmigo. Así ustedes estarán donde yo esté...

—JUAN 14:2-3

¿Puede la invitación ser más clara? Jesús habló a sus discípulos acerca de una casa, con un Padre que les espera a que vayan y ocupen su lugar. ¿Os suena familiar?

Perdemos fácilmente el punto central de sus palabras, cuando erróneamente relegamos a un futuro lejano la segunda venida y las mansiones en el cielo. Es más probable que Jesús esté hablando de su primera "ida" —su muerte en la cruz— y sobre su primer "regreso" —la resurrección. Estos eventos se desvelarían pocos días después y Jesús quería que sus seguidores entendieran lo importantes que eran.

La cruz es el evento que nos abre la puerta para entrar en el amor del Padre. El apóstol Pablo nos dijo que cuando realmente comprendiéramos lo que sucedió entre el Padre y el Hijo conoceríamos, con seguridad y para siempre, lo profundo que es su amor por nosotros. Más adelante miraremos desde este punto de vista el poder de la cruz.

Jesús estaba por abrir la puerta, y regresar tras la resurrección para enseñarles cómo vivir en la casa de su Padre —el lugar en el corazón del Padre que Jesús había preparado para cada uno de ellos.

Los discípulos, sin embargo, no pudieron entender el sentido completo de sus palabras. Cuando Él les dijo que ellos conocían el camino por el que Él iría, Tomás lo retó. "No sabemos a dónde vas, así que, ¿cómo conoceremos el camino?"

"Yo soy el camino, la verdad y la vida", respondió Jesús.

Jesús sabía que estaban desconcertados. Sabía que no entendían la nueva relación que serían capaces de tener con Él y con su Padre, después de la resurrección. Pero dijo simplemente, "¡Vosotros me conocéis! Yo os llevaré allí". El punto no era el proceso que tendrían que seguir, sino a la persona que iban a seguir. Los llevó de nuevo al punto de la relación: "Permaneced conmigo y sabréis todo lo que necesitáis saber."

UN PADRE EN QUIEN PUEDES CONFIAR

Para tener la relación que Dios desea tener contigo, y por la que tu corazón clama, pues de lo contrario, tú no seguirías leyendo este libro, simplemente debes aprender a confiar en Él.

Sé que es mucho más fácil escribir o hablar sobre ello que hacerlo. Hemos aprendido durante toda nuestra vida que, a menudo, el confiar en otras personas nos traerá frustración y decepción. Incluso la gente que más nos quiere, probablemente nos haya fallado en algún momento. La lección que nuestra carne nos da desde temprana edad es a cuidar de nosotros mismos, ya que nadie más lo hará.

Quizá, como uno de los cachorros que han venido a nuestra casa, cada uno en quien has confiado te ha traicionado. Puedes creer incluso que Dios te traicionó cuando no hizo por ti las cosas que pensabas que un padre amoroso haría. En honor a la verdad, muchos de nosotros hemos sido explotados por personas que han venido en nombre de Dios, declarando conocer su voluntad para nosotros, y sólo nos querían engañar para satisfacer sus propias necesidades.

Mi corazón se entristece por todos aquellos cuya confianza fue traicionada por sus padres terrenales, y cuyo pasado está lleno de fallos y quebrantos. Sé que algunos de los que leen este libro, siguen leyéndolo porque el mensaje los conmueve. Pero cada vez que leen la palabra Padre, algo se estremece dentro de ellos. No es una palabra que signifique amor o ternura para ellos, sino una que escarba en viejas heridas.

Para ti, la palabra Padre solamente trae a tu memoria imágenes de abuso o abandono. Me sorprende que tantos que están hambrientos por conocer a Dios tuvieran padres que fallaron tanto en reflejar siquiera la más leve pista de su amor a sus propios hijos. A pesar de que hayan buscado su propia satisfacción, o te hayan usado como un saco de boxeo, ellos dejaron una estela de niños lastimados que no saben lo que es tener un padre amoroso.

La traición por parte de la gente que más deseábamos que nos quisiera, podrá dejarnos cicatrices profundas. Pero Dios, por muy profundas que sean puede sanarlas y redimirlas. De hecho, esas heridas nos duelen tanto porque Dios nos creó para ser amados por un Padre, el cual, pone en evidencia al mejor padre del mundo. Incluso aquellos de nosotros que tuvimos buenos padres, no podemos imaginarnos el gran padre que es Dios. Aún los mejores padres, como veremos en el último capítulo, no pueden mostrar ni un destello del amor que el Padre Eterno tiene en su corazón por ti.

Puede tomar tiempo, pero Dios puede ayudarnos a definir su paternidad sin que ésta esté basada en el registro de fracaso de la humanidad caída, permitiendo que entendamos realmente lo que significa ser amados por el Padre más asombroso del universo.

Así que, si la palabra padre no te trae a la mente la imagen más tierna, por favor, no te excluyas de la casa de Dios. Aprender a confiar en Él es la cosa más difícil que podamos aprender a hacer. Si yo soy capaz de entender esto pensando en un cachorrito asustado en la puerta de mi casa, el Padre del cielo y de la tierra entiende mucho más nuestras heridas y nuestras inseguridades.

Con una paciencia y amor increíbles, Él nos invita a dejar nuestros temores y a abrazarlo, y anhela ese momento cuando, de repente, nosotros sabemos que estamos más seguros en Él, que en cualquier otro lugar en el que podamos estar. Quizás al principio lo hagas tímidamente, pero vuélvete y entrégate a Él, confía en Él hasta en el más mínimo detalle.

Él sabe todo el miedo que tienes de volver a sentirte decepcionado. Pero permanecerá allí pacientemente extendiendo su mano hacia ti. Tratará de acercarse, hasta que retrocedas. Entonces se detendrá para no añadir más dolor, esperando que su ternura te gane algún día.

SOLAMENTE CONFÍA EN ÉL

Confianza. Tan fácil hablar de ella y tan difícil ponerla en práctica. Nada es más el hecho de que Dios es fiel y digno de confianza. Pero aprender a vivir en esa confianza a través de los giros y cambios de nuestras vidas es el reto más difícil que enfrentamos.

A Dios le llevó prácticamente toda la vida de Abraham enseñarle la dicha de confiar en Él. Pero lo hizo. Al final, cuando le pidió al patriarca que le diera su único hijo y heredero, Abraham confió en el plan de Dios y en su naturaleza tanto como para obedecerle sin dudar. Y esto de un hombre que había arriesgado la virtud de su propia mujer, mintiendo al Faraón al decirle que no era su esposa. Esto, de un hombre que dejó embarazada a la esclava de su esposa cuando pensó que Dios no le daría a Sara el hijo que les había prometido.

Para conseguir esto, Dios hizo cosas extraordinarias por Abraham. Así que tranquilo, descansa seguro, porque Dios sabe lo difícil que es para ti confiar en Él. Ni se siente amenazado, ni está enfadado contigo por ello, en tu lucha por aprender a confiar en Él.

Simplemente quiere que fijes tus ojos en Él y aprendas.

Solamente confiando en Él, podrás disfrutar de su relación y de la plenitud de la vida celestial. También debes saber que sólo confiarás en Él en la medida en que estés convencido de su amor por ti.

Este es el motivo por el que te creó y por el que diseñó un plan extraordinario para enseñarte exactamente cómo dejar a un lado tus temores y caminar hacia sus brazos. Entonces podrá abrazarte, manteniéndote muy cerca de Él, cumpliendo con lo que su corazón anhelaba desde antes de la creación del mundo.

Este es el viaje de una vida entera —aprender a confiar en Él más y más cada día hasta el fin de nuestras vidas. Cuanto más confíes en Él, mejor podrás experimentar su plenitud. Pero no intentes hacerlo por tus propias fuerzas. No puedes hacerlo. Él puede tomarte de su mano y enseñarte cuánto te ama, para que ya no tengas que ir por tu propio camino, ni protegerte a ti mismo, lo cual sólo te ocasiona salir herido y herir a otros alrededor tuyo.

¿DIOS BUENO O DIOS MALO?

Acabábamos de terminar una charla sobre la gracia de Dios, basada en la carta de Pablo a los Gálatas en un retiro de hombres en las montañas de Sierra Nevada, en California. Hubo un joven que me estuvo esperando, hasta que se fueron todos, para que pudiéramos hablar en privado.

"Durante estos dos días he escuchado cómo hablaba acerca de Dios como un Padre amoroso. Desde que me hice cristiano solamente he servido a un Dios malo, temeroso cada día de que, si fallaba al hacer su voluntad, me rechazaría. Realmente quiero creer que es el increíble Padre del que ha hablado, pero he decidido no hacerlo."

"¿Por qué?", le pregunté.

"No estoy seguro de que esté en lo cierto. Ayer pensé mucho sobre esto, y tomé una decisión. Voy a continuar sirviendo a un Dios malo". Ya lo había decidido. "De la manera como yo lo veo, si estoy en lo cierto y sirvo al Dios malo, iré al cielo el día del juicio. Si estoy equivocado y Él es el Padre de quien habla, entenderá por qué hice lo que hice, y también iré al cielo."

"Pero si cambio ahora y sirvo a este Padre amoroso, ¿qué sucederá si resulta ser el Dios malo que siempre he pensado que es? Entonces estaré en dificultades."

"Ciertamente, es tu decisión," le dije. "Pero antes de que la tomes, ¿puedo hacerte una pregunta?"

"¿Cuál?"

"¿Podría el Dios al que estás sirviendo cambiar alguna vez su vida en una cruz por la tuya?"

Me miró y sacudió su cabeza. "¡De ninguna manera!"

"Entonces, ¿cómo puede ser Él, el Dios de la Biblia? Dios sabía que no sería fácil para nosotros aceptar tan increíble oferta de amistad, por lo cual tuvo que llegar hasta ese extremo para convencernos."

Solamente estuve con él un fin de semana y no sé cómo le habrá ido desde entonces, pero este muchacho es como muchos otros hombres que he conocido a lo largo del viaje. A pesar de las imágenes disonantes que tienen de Dios, han decidido que es más seguro tratar a Dios como el malo. Ni se imaginan lo equivocados que están. Y no saben que teniéndole miedo a un Dios demandante, nunca harán lo suficiente para entrar a Su casa. No serán capaces de hacer lo bastante para recibir lo que el Señor quiere darles.

Para entrar en la casa debemos cambiar nuestro miedo hacia Él, por un amor que sea mucho más fuerte que ese temor.

> *Vengan a mí todos ustedes que están cansados y agobiados, y yo les daré descanso. Carguen con mi yugo y aprendan de mí, pues yo soy apacible y humilde de corazón, y encontrarán descanso para su alma.*
> —MATEO 11:28-29

Para tu viaje personal

¿Qué reservas has tenido a la hora de confiar completamente en Dios? Date cuenta de que la única manera de crecer en confianza es crecer en el conocimiento de su amor. Pídele cada día que te muestre la profundidad de su amor para contigo y al hacer esto, te enseñe cómo confiar más en Él.

Para trabajar en grupo

1. ¿Se han sentido alguna vez como ese cachorro abandonado, con miedo a confiar por las decepciones del pasado?

2. Recuerden algunos de los hechos de la historia de Abraham (Génesis 12-23) que Dios usó para enseñarle a confiar.

3. Compartan sus propias historias de cómo, en el pasado, Dios les ha enseñado a confiar en Él.

4. ¿De qué forma podríamos conocer mejor el amor de Dios?

Sección II

Lo que el miedo nunca pudo lograr

*En el amor no hay temor,
sino que el perfecto
amor echa fuera el temor,
porque el temor involucra castigo,
y el que teme no es hecho perfecto
en el amor.*

—1 Juan 4:18

Dios es bueno.
Tú eres mala.
¡Inténtalo con
más fuerza!

6

Observaciones de
una quinceañera
al unirse a un grupo
de jóvenes

La tiranía de la línea de favor

¿QUIÉN PODRÍA CULPAR a esta madre? ¿Podría yo?

Tenía unos treinta años, madre de dos niños. No recuerdo la enfermedad congénita que tenía el más pequeño, pero a sus seis años ya estaba postrado en una silla de ruedas. Con frecuencia sus padres tenían que llevarlo a urgencias, en un estado tan crítico que nunca estaban seguros de volver a casa con él.

Cada vez que estaba con ellos, me conmovía profundamente, no sólo por su gran necesidad, sino también por la dulzura con la que parecían enfrentar todo esto. Habían crecido en hogares cristianos y habían seguido a Dios fielmente hasta su madurez. Frecuentemente, oraba por ellos y su hijo, con la esperanza de que algún día fuese sanado.

No tenía ni idea, pero el estrés de la enfermedad, también estaba destrozando su matrimonio. Una mañana los llamé después de no haberlos visto durante un tiempo. Me encontré con una madre devastada al otro lado del teléfono. Su esposo la había dejado hacía dos semanas, y ahora tenía que cargar sola con la responsabilidad de su hijo enfermo.

Abrumada por el dolor, me dijo que ya no estaba segura de que Dios existiera. Si Él hizo esto, quizás no era el Dios que ella pensaba que era. No sólo eran los seis años de orar por la sanidad de su hijo lo que parecía ser infructuoso, sino que además su matrimonio se había derrumbado. Estaba sola, desilusionada y enfadada.

Intenté decirle que Dios la amaba y tendría cuidado de sus necesidades, pero rechazó mis palabras de ánimo. "¿Tienes idea de lo que es no ser capaz de relajarte y simplemente disfrutar de tu propio hijo porque nunca estás seguro de si mañana estará vivo?"

Honestamente le dije que no tenía ni idea. Solamente he tenido una breve experiencia de algo similar. Nuestra primera hija sufrió un caso severo de ictericia, y recuerdo el sufrimiento al tener que llevarla diariamente a hacerse pruebas de sangre y verla gritar al pincharla para sacarle sangre de sus dedos de los pies. Esto sólo duró una semana y su vida nunca más estuvo en peligro. ¿Cómo podrías comparar eso con seis años de esperar la muerte de tu hijo pequeño en cualquier momento?

Le ofrecí mi apoyo con todos los recursos que tenía para ayudarla en los días que estaban por venir, pero los rehusó. "Simplemente, no puedo seguir viviendo de esta manera", gimió. "Lo que sea que Dios esté esperando de mí, no tengo fuerzas para dárselo."

Muy rara vez en mi vida me he sentido tan impotente como en ese momento en que puse el teléfono nuevamente en su sitio. Después de casi quince años de ministerio pastoral, no tenía las respuestas que ella necesitaba. Después aprendí el porqué. En ese momento yo estaba atrapado en la misma trampa que ella, sólo que del otro lado. Ella pensaba que su abrumadora necesidad tenía que ver con su falta de fe y con la pérdida del favor de Dios, mientras que yo pensaba que mis circunstancias más favorables demostraban que yo sí había sido fiel y por lo tanto, había ganado su favor.

Ambos estábamos viviendo bajo la tiranía de la línea de favor. Ella de hecho, estaba pagando por ella; yo, estaba comenzando a pagar.

LA LÍNEA DE FAVOR

¿Qué es la línea de favor? Es esa línea invisible que nos dice si estamos o no alcanzando suficientemente las expectativas de otro para merecer su aprobación. Es imposible vivir en este mundo sin reconocer el impacto de esta línea en cada área de la vida.

Nuestros padres tenían una línea. Sabíamos lo que les hacía sentirse orgullosos de nosotros y lo que les disgustaba e incluso lo que les hacía enfadar. Si las expectativas de tus padres eran más o menos justas, tú podías actuar según la línea de favor, siendo especialmente amable cuando querías algo de ellos o escondiéndote cuando sabías que merecías un castigo. Si las expectativas de tus padres eran irracionales, seguramente creciste sin ninguna clase de aprobación.

Encontramos la misma línea de favor cuando fuimos al colegio, quizá allí existía a menor escala. Alcanzábamos las mayores expectativas al recibir buenas notas y mayor aprobación de nuestros maestros y padres.

No nos tomó mucho tiempo descubrir que nuestros amigos también tenían líneas de favor, lo cual repercutía para el bien de la amistad. Decepcionados, no obstante, los llamados amigos podían volverse en nuestra contra en un abrir y cerrar de ojos —o hacerlo nosotros también. Encontramos la misma línea en el mundo laboral. Aquellos que han logrado o excedido las expectativas han hallado gracia delante de sus jefes, con todos los beneficios que esto conlleva.

Hemos aprendido a sobrevivir en este mundo adquiriendo favor donde lo necesitamos, así que es natural que asumamos que Dios también tiene una línea de favor.

Mientras nuestras circunstancias sean placenteras, o al menos soportables, no pensaremos demasiado acerca del favor de Dios. Pero, cuando los problemas o decepciones perturban nuestra tranquila existencia, comenzamos a preguntarnos cómo se siente Dios con nosotros. *¿Me ama? ¿Lo habré ofendido? ¿Estoy haciendo lo suficiente para agradarle?* Luchar con estas preguntas nos lleva a la línea de favor, de manera que comenzamos a buscar la forma de ponernos "del lado bueno" con Dios.

El rey David expresó de una manera muy elocuente cómo la línea de favor se imponía en nuestra búsqueda de Dios:

> *Señor, ¿quién habitará en tu Tabernáculo?,*
> *¿quién morará en tu monte santo?*
> *El que anda en integridad y hace justicia;*
> *el que habla verdad en su corazón;*
> *el que no calumnia con su lengua*
> *ni hace mal a su prójimo*
> *ni admite reproche alguno contra su vecino.*
> —SALMO 15:1-3

Continuó con una lista de cualidades que capacitan a la gente para estar delante del Dios Santo. Otras listas en la Escritura parecen subrayar este punto —los Diez Mandamientos, la Gran Comisión, y los frutos del Espíritu, son sólo algunas. Es fácil ver por qué las personas que buscan a Dios, terminan con una línea de favor en sus vidas, y por qué piensan que pueden medir en cualquier momento cómo se siente Dios con ellos, en relación a si están viviendo por encima o por debajo de la línea de favor.

La lectura de la Biblia, la oración, la involucración en la iglesia y la ayuda a otros, parece que nos pone por encima de la línea. Motivaciones egoístas o acciones pecaminosas, nos ponen por debajo. Esto podría parecer muy sencillo, excepto por el hecho de que nunca estamos seguros acerca de cuáles de estas cosas realmente son importantes.

En mis conferencias alrededor del mundo, he preguntado a los asistentes, cuántos de ellos piensan que oran lo suficiente, leen la Biblia lo suficiente o testifican lo suficiente. Nunca he encontrado más de una persona que levante la mano.

Sé lo que están pensando, porque yo también lo he pensado. *¿Cuánto es suficiente? Si oro una hora al día, ¿no podría orar dos? Si leo dos capítulos diarios, ¿no debería leer cuatro? ¿Necesito testificar una vez al mes, una vez a la semana o a cada extraño que me encuentre?*

De la misma forma, sabemos en nuestros momentos más genuinos que no estamos completamente libres de pecado. Podemos ser capaces de esconderlos, pero los pensamientos, las motivaciones ocultas y nuestras obras, exponen nuestra lucha con el pecado y la duda. ¿Podemos estar seguros alguna vez, de cuántos de nuestros errores está dispuesto Dios a pasar por alto como parte de nuestro proceso de maduración?

Esto es lo que yo llamo la tiranía de la línea de favor. Intentar vivir bajo el peso de la lista de David, o la de cualquier otro, nos descalificaría a todos nosotros delante de Dios y su favor. Si lo has intentado sabrás lo duro que es tratar de hacer todo lo que piensas que Él demanda. La única manera de sentirse bien, es cuando piensas que por lo menos estás haciendo más que otros creyentes de tu alrededor. Pero sabes, dentro de ti, que nunca serás lo suficientemente bueno.

El problema se complica cuando nos encontramos ante circunstancias dolorosas o difíciles. ¿Quién no ha pensado, en esos momentos, si están siendo castigados por no haber sido suficientemente buenos? Bromeamos sobre esto con las cosas más triviales, estamos conduciendo y nos encontramos con una serie de semáforos en rojo, nuestro acompañante hace este comentario: "¿qué habrás hecho?"

Pero no es broma cuando de repente perdemos el trabajo o nos enfrentamos a una enfermedad que amenaza nuestra vida. La tiranía de la línea de favor parece no tener misericordia, robándonos la seguridad de cómo se siente

Dios con nosotros. Así que decidimos de acuerdo a nuestras circunstancias: ¡*Me ama*! ¡*No me ama*!

UN PLAN MUCHO MEJOR

¿Habrá algo sorprendente, en que mi joven amiga, al sumarse al grupo de jóvenes dijera, "lo mismo de siempre. Dios es bueno. Tú eres mala. ¡Esfuérzate más!"? Desafortunadamente, mucha gente piensa que esa es la esencia del evangelio y sobre esa base ninguno de nosotros puede permanecer delante de Él.

El mismo David lo supo en los momentos de mayor desesperación, en la cueva, escondiéndose de los que querían matarlo, lloró implorando la misericordia de Dios. "Y no entres en juicio con tu siervo, porque no es justo delante de ti ningún viviente." (Salmo 143:2). Consciente de sus propias debilidades, él no quería buscar el favor de Dios basado en sus propios logros.

Después, al humillarse David cuando declaró públicamente su adulterio y el asesinato del esposo engañado, y cuando se lamentó por la pérdida del hijo, producto de su desliz, buscó nuevamente su favor. "Los sacrificios de Dios son el espíritu contrito; al corazón contrito y humillado, oh Dios, no despreciarás." (Salmo 51:17).

La verdad es, que la misma Biblia que nos da las listas de las cualidades para ganarnos el favor de Dios, claramente establece que no existe bondad suficiente en ninguno de nosotros para poder cumplir tales requisitos, sólo en Jesucristo. No importa lo mucho que intentemos ganar su favor, siempre nos quedaremos cortos. Cuanto más nos esforcemos, más lejos parece estar Él de nosotros.

¿Por qué? Porque la línea de favor provoca que nos movamos entre estados de auto-compasión y auto-justificación. Cuando reconocemos lo cortos que nos quedamos, nos queremos rendir desesperados. Pero cuando nos sentimos bien debido a nuestros esfuerzos, no alcanzamos a comprender por qué Dios no se hace tan real, como la Biblia nos enseña. La auto-justificación de nuestros fallos y errores puede ser un mayor factor de deterioro en nuestra relación con Dios.

Cuando nuestros mejores esfuerzos no son recompensados, podemos desilusionarnos y alejarnos. Nos despistamos por grandes períodos de tiempo, ni siquiera pensamos en nuestra relación con Dios e intentamos saciar nuestro hambre con diferentes cosas (trabajo, amistades, reuniones de la iglesia, o incluso ir de compras). Durante un tiempo nos podrá funcionar, pero al final el hambre regresa. Ninguna de estas cosas cubrirá jamás la necesidad que tenemos de conocer al Dios vivo.

Este es el motivo por el que vivir al servicio de la línea de favor en algún momento te hundirá en la aflicción. Al igual que Pedro después de negar a Jesús en la noche en que más necesitaba a sus amigos, te desilusionarás por tus propios desaciertos al ver que no alcanzas a hacer todo correctamente; o como Job, te preguntarás si Dios te ama o no y si te trata justamente.

Dios nunca quiso que termináramos en ninguno de estos lugares. En vez de esto nos invita a descubrir una manera muchísimo más íntima de conocerlo.

UNA INCREÍBLE SORPRESA

Desde muy joven ya era popular entre sus compañeros. Educado en los mejores colegios, fue reconocido como uno de los líderes religiosos más influyentes de una de las ciudades más famosas del mundo. Su moral y sabiduría eran impecables.

Pero no todo marchaba tan bien por dentro como por fuera. A pesar de toda su diligencia y sabiduría, algo lo carcomía profundamente en su ser. Era un hombre hambriento. Raramente lo mostraba, excepto en algunas ocasiones, pero a veces en la soledad sabía que aquello estaba allí, oscureciendo su alma.

Su celo por ser el mejor siervo de Dios en su generación no lo llevó al círculo del amor del Padre, sino a la cruel tiranía de su propio yo. Había comenzado con el deseo de servir a Dios, pero esta pasión rápidamente fue consumida por un deseo de estatus espiritual. Amaba las miradas de admiración y el respeto que veía en los ojos de sus amigos y mentores.

Entonces, un día, en un viaje a una ciudad lejana se encontró cara a cara con el Dios vivo. Su encuentro fue mucho más dramático que otros. Una luz brillante apareció de la nada tirándolo al suelo y cegando sus ojos. Yaciendo allí en el polvo, una voz estremeció su cuerpo. "Saulo, Saulo, ¿por qué Me persigues?"

Sus siguientes palabras son muy reveladoras. "¿Quién eres Tú, Señor?"

Sabía que estaba siendo confrontado por el Dios vivo. ¡Pero un momento! ¿No dijo la voz que *Saulo* había estado persiguiéndolo? Seguramente Saulo debió haberse imaginado en esos breves segundos, *¿podría ser este Jesús?*

¿Y qué, si era Él? Saulo había matado a muchos de sus seguidores, e iba camino a matar a muchos más. Los consideraba herejes y buscaba eliminarlos a ellos y a sus enseñanzas antes de que pudiesen destruir la fe que él había abrazado desde su juventud.

Finalmente la voz habló de nuevo, "Yo soy Jesús, a quien tú persigues."

Sus peores temores se habían confirmado. La gente a la que había matado en el nombre de Dios era, de hecho, el pueblo de Dios. ¿Qué le esperaba ahora? ¿Qué clase de castigo le esperaba en su ciega indefensión? Como un hombre que cierra sus ojos temblando al esperar que un puño lo aplaste, lentamente se da cuenta de que no lo va a recibir. No hubo ira, ni venganza.

Saulo, quien más tarde se convertiría en el apóstol Pablo, estuvo frente a aquel contra el que había luchado activamente, y en ese momento todo lo que encontró fue amor. El Jesús al que había perseguido, lo amaba. No había venido a castigarlo, sino a abrir sus ojos espirituales para que viera a Dios, no como él se imaginaba que sería, sino como realmente era.

En ese momento Saulo descubrió el favor de Dios cuando no había hecho absolutamente nada para ganárselo. En vez de ser castigado, recibió una invitación a formar parte de la familia que estaba tratando de destruir tan ferviente-mente. En vez de la muerte que estaba trayendo a otros, se le ofreció la vida que nunca supo que existía.

Saulo fue confrontado con un hecho de que no podía es-capar. No había hecho nada para ganarse la línea de favor, pero se encontró a sí mismo dentro del favor de Dios de todas maneras. Encontró que Jesús lo amó aún cuando él no tenía ni idea de quién era Jesús. Dios había destruido la línea de favor para liberar a Saulo de su tiranía. Este hecho cambió a Pablo sobre su pensamiento previo de Dios.

Es ahí donde comienza la relación con Dios. Puede parecer imposible, especialmente si lo has buscado en el pasado y, como la joven madre del principio de este capítulo, sólo has sido decepcionado por lo distante que veías a Dios cuando más lo necesitaste. Todo lo que sabías hacer era esforzarte más para ser lo suficientemente bueno como para ganar su amor.

Pero esa manera de pensar nunca te acercará más a Él. En vez de aprender a amarlo, te traerá enfado y frustración al ver que nunca podrás hacer lo suficiente para alcanzar su aprobación. Él quiere romper este ciclo de la única ma-nera que puede —haciendo de su favor un regalo, en vez de algo que puedas ganar.

Ha pasado mucho tiempo desde la última vez que con-tacté con aquella madre. Si pudiera hablar con ella hoy, me gustaría que supiera que encontrar el favor de Dios, no tie-ne nada que ver con lo que hacemos para Él, sino con lo que Él ya ha hecho por nosotros.

> *Ten piedad de mí, Dios,*
> *conforme a tu misericordia;*
> *conforme a la multitud de tus piedades*
> *borra mis rebeliones.*
> *¡Lávame más y más de mi maldad*
> *y límpiame de mi pecado!*
> —SALMO 51:1-2

<><><><><><><><><>

Para tu viaje personal

¿Hay experiencias en tu pasado que te decepcionaron del amor de Dios o tus propios errores te abrumaron? Si es así, habla a solas con Dios para recordar esos momentos con Él. Pídele que te muestre de qué manera crees que tienes que ganar su favor, y cómo esto ha distorsionado tu perspectiva sobre cómo funciona realmente. Como parte regular de tus oraciones, pídele a Dios que te muestre cuándo estás intentando ganarte su favor y pídele que te ayude a ver cuánto se deleita Él en ti como un Padre amoroso.

Para trabajar en grupo

1. ¿Alguna vez se han sentido como la mujer con el niño enfermo? ¿Cómo resolvieron esos momentos de su/sus vida?

2. ¿En qué áreas les parece estar caminando por la cuerda floja de la línea de favor, a punto de caer de la gracia, en su relación con Dios? ¿En qué áreas se sienten culpables por no hacer lo suficiente?

3. Lean la conversión de Saulo en Hechos 9:1-9. ¿Por qué Jesús hace esto por él? ¿Qué piensan que pudo hacer Pablo para merecerse eso?

4. Oren juntos para que Dios les enseñe a conocerlo como realmente es.

¿Cómo podré acercarme
al Señor y postrarme ante
el Dios Altísimo?...
¿Ofreceré a mi primogénito
por mi delito,
al fruto de mis entrañas
por mi pecado?

Miqueas, un profeta (6:6-7)

¿Que debo darle a Dios?

HAY OCASIONES EN LAS QUE SIMPLEMENTE NO PUEDES dejar que las cosas se queden así. Antes de hacer una de nuestras mudanzas, hicimos un mercadillo de segunda mano con nuestros muebles. Allí me fijé en un hombre que se interesó en un rollo de cable eléctrico. Habíamos vendido prácticamente todo y no lo queríamos tirar. Tan pronto como lo dejó y comenzó a caminar para irse, le dije que podía llevárselo gratis si quería. Lo quería, pero no gratis. Quiso darme un dólar. Me negué. Él insistió. Llegamos a un acuerdo y le di cincuenta centavos de vuelta.

Con frecuencia tratamos a Dios de igual manera. Cuando nos damos cuenta de que no podemos ganar su amor, intentamos compensarlo por ello. Particularmente cuando necesitamos que Dios haga algo por nosotros, nos preguntamos qué podremos darle a cambio que pruebe nuestra sinceridad.

Pero, ¿qué podemos darle para merecer su amor? ¿Será bastante con dar el diezmo? ¿Qué tal si quiere todo lo que tengo? ¿Sería suficiente? Después de todo, la vida es más que las posesiones. Probablemente también quiera todo mi tiempo, que me niegue a mí mismo y a cualquier disfrute de la vida. O peor aún, ¿qué tal si me pide que me vaya a una tierra lejana y pase el resto de mi vida predicando el evangelio? ¿Cuántas personas que han estado al borde de la muerte le han prometido a Dios algo así, esperando con esto convencer al Señor para que los salve?

Pero, ¿a dónde nos lleva esta manera de pensar? Veamos al profeta Miqueas. Consciente de su propia pecaminosidad, ruega haciendo esta pregunta: "¿Cómo podré ponerme delante de Dios?

¿Me acercaré a Él con holocaustos, con becerros de un año?" Esto cumpliría con los requisitos de la ley, pero ¿bastaría para limpiar el alma de Miqueas? No exactamente.

"¿Se complacerá el Señor con miles de corderos, con diez mil ríos de petróleo?" El profeta aumenta la oferta, pero aún así piensa que no es suficiente, como lo demuestra su siguiente oferta. "¿Ofreceré mi primogénito por mi transgresión?" Tratar de negociar con Dios siempre te llevará a lo impensable, como le sucedió a Miqueas. En determinado momento pensó que si ofreciera a su primogénito, esto bastaría para pagar sus fallos y obtener puntos para ganarse el favor de Dios. Como él lo expresa poéticamente, "daré el fruto de mi cuerpo por el pecado de mi alma".

En el curso de la historia humana es sorprendente ver cuántas culturas llegaron a la misma conclusión. Cuando Abraham llegó a Canaán, los sacrificios humanos a Baal, Moloc y muchas otras deidades cananitas estaban a la orden del día. En todas partes del mundo el sacrificio de niños abundaba en rituales tribales para buscar el favor de sus dioses. Los primogénitos eran atados a los altares y las hijas vírgenes eran ofrecidas a furiosos volcanes. Si intentamos purgar nuestras conciencias de culpa entregando una ofrenda o regalo, siempre terminaremos ofreciendo lo que tiene más valor para nosotros.

Pero esto incluso no es suficiente. Intentar compensar a Dios por su misericordia será tan inútil como tratar de ganárnosla, y siempre nos llevará a preguntarnos *"¿me ama, o no me ama?"*

"¿POR QUÉ NO ME DETUVISTE?"

Hemos dejado atrás los días de sacrificios de niños, pero eso no significa que no tengamos otras maneras de intercambiar favores con Dios. Dinero, tiempo y energía pueden ser usados en nuestros intentos de congraciarnos con Él, para que nos acepte o esté a nuestro favor. Y todo esto llevado al extremo, nos puede destruir a nosotros y a los que estén a nuestro alrededor.

Nadie mejor que Janice (seudónimo) ejemplificó lo que significa ser un miembro comprometido con nuestra congregación. Siempre que necesitábamos a alguien para cocinar, ayudar en el ministerio con los niños o pasar tiempo con una hermana en dificultades, siempre era la primera en apuntarse. Nunca decía que no.

Se hizo tan evidente, que llegamos a hacer anuncios que la excluían: "¿Quiere alguien, que no sea Janice, ayudar a cuidar a los bebés hoy? La persona a la que le tocaba está enferma". Todos nos reíamos y esperábamos que alguien más se ofreciera.

En retribución a su servicio, la llenábamos de cumplidos. Le decíamos el gran regalo que era para nosotros y lo especial que es para Dios. Les decíamos a otros, estando ella presente, que Janice era un gran ejemplo para todos los miembros, al hacer las tareas de ellos en el ministerio. Con sólo cien Janices en la iglesia, transformaríamos la ciudad, o al menos, así lo pensábamos.

Era notorio que Janice había adelgazado mucho. Sabíamos de las luchas en su hogar, y que no cumplía con sus responsabilidades por estar ayudando a la gente de la iglesia. Pero, francamente, la necesitábamos porque no había otros con su disposición.

Un día, todo se desmoronó como un castillo de arena. Lo que muchos pensaron era que el enemigo estaba intentando destruirla. Realmente, era Dios trabajando para liberarla, porque el servicio de Janice no venía enteramente de su libertad como hija amada de Dios. A pesar de su pasión por Dios y por los niños, y de tener un corazón para servir, en algún momento del proceso, estas mismas características se convirtieron en la vía para ganar la aceptación de otros, y lo más importante, para ganar la aceptación de Dios.

Dejé aquella congregación y después me enteré de que ella también la había dejado. Meses después, me encontré con ella y su familia. Me contó su historia. Por la excesiva implicación ministerial notó cómo iba abandonando el hogar, así que decidió dejar el ministerio. Su matrimonio se rompió y empezó a hacerse preguntas difíciles acerca de su vida en Dios. Las personas que habían sido bendecidas por su servicio, se distanciaron cuando vinieron las luchas.

Dios, sin embargo, trajo otras personas a su vida para ayudarla. Dios le recordó los tiempos más sencillos, cuando disfrutaba, sin dudar, de que Él la amara y la aceptara como su hija. De alguna manera, todo su servicio le había robado esa sencilla verdad. Le sucedió como a una niña cuyo padre está demasiado ocupado para estar con ella, lo que la llevó a buscar un regalo lo suficientemente grande como para llamar su atención.

En aquellos momentos no importaba cuántos regalos traía, nunca le parecían ser suficientes por diferentes razones. Con miedo a no poder experimentar nuevamente el amor del Padre en la forma que ella anhelaba, llenó su corazón con su servicio y atención a los demás. En vez de aumentar su fidelidad, como creíamos que estábamos haciendo, sólo alimentamos su inseguridad, alejándola aún más de la relación que deseaba tener con Dios. Esa inseguridad, junto con las necesidades de su propia casa, la llevaron a un estado de bancarrota personal y emocional.

Pero el Padre de amor nunca apartó sus ojos de ella. Le permitió llegar hasta el final de sus fuerzas para que pudiera ver cuánto la amaba. Los cambios han sido dolorosos, pero la han transformado. Me miró con lágrimas en los ojos y con una voz tranquila, sin ira, esperando comprensión, me dijo: "Tú eras mi pastor, ¿por qué no me detuviste?"

Sus palabras me cayeron como un baldado de agua fría, pues me di cuenta que la atención ahora estaba puesta en mi complicidad y no en su sanidad. Se había quedado sin gasolina en el camino y yo no pude llenar su tanque. ¿Qué podía decir? Me disculpé sin excusarme. Simple y llanamente le había fallado.

Pero la razón por la que no la detuve no fue que ella no me importara, sino que yo estaba en su mismo camino, y en ese tiempo, no pensaba que hubiera algo de malo en ello.

DESPUÉS DE TODO ESTO...

Servimos y enfrentamos las mismas presiones en casa, aunque yo nunca terminé tan dañado como Janice. Pero, al igual que ella, tenía el deseo de intercambiar mis regalos por el amor de Dios, y de igual forma, tenía que llegar a darme cuenta de que nunca iban a ser suficientes.

Mi experiencia con Dios comenzó a una edad muy temprana. Al descubrir que Dios se interesaba por la gente sencilla, anhelé conocerlo. Sabía desde muy joven que me encontraba muy lejos de una vida sin pecado y de disfrutar de la misericordia y perdón de Dios. Pensaba que tenía que ofrecerle algo que pudiera demostrarle que realmente hablaba en serio, cuando decía que quería seguirle. Mirando hacia atrás, ahora sé, que lo que buscaba era su aprobación.

Durante aquel tiempo experimenté momentos increíbles de comunión con Dios. Le veía intervenir en mi vida en maneras que sabía que sólo podía ser Él. Escuché su voz hablar a lo más profundo de mi ser y guiarme en mis decisiones más importantes. Equivocadamente pensaba que estaba premiando mis ofrendas, mi devoción, y, en un intento por agradarle, continuaba dejando a sus pies lo que fuera.

Pero por dentro, nunca tenía la certeza de que me amara o aceptara —mis regalos y sacrificios, quizás, pero no a mí. Parecía que cuanto más le daba, más demandaba, y en el mejor de los casos, quedaba empatado. Nunca supe que Dios simplemente se deleitaba conmigo como su niño.

- Ni siquiera después de 35 años de fiel compromiso en las distintas disciplinas espirituales en varios grados de intensidad.
- Ni siquiera después de 20 años de ministerio profesional como pastor de una iglesia local.
- Ni siquiera después de haber viajado a costo y riesgo personal para ayudar al pueblo de Dios en países del tercer mundo.

En ningún momento estuve seguro de que Dios me amaba profundamente. Si me hubieras preguntado, te hubiera dicho que Él me amaba, y en el fondo creía que era cierto. Después de todo, la Biblia claramente resalta este punto y yo me sentía cómodo hablando en aquellos términos.

Pero eso aún no respondía mis preocupaciones más profundas. ¿Cómo se sentiría hacia mí en cada momento?

ÉL SE DELEITA EN TI

Las palabras del profeta del Antiguo Testamento parecen sólo un sueño distante, "se gozará en ti con alegría, en su amor guardará silencio, se regocijará por ti con cantos de júbilo." (Sofonías 3:17). A excepción de breves momentos, pequeños y distantes entre sí, no podía imaginar que Dios se sintiera así conmigo. ¿Cómo podía amarme de esa manera, viendo las tentaciones con las que yo luchaba?

No creo que nos lleve mucho tiempo evidenciar tales cuestionamientos de manera honesta y terminar viendo suficientes errores y tiempo perdido, como para darle a Dios amplia justificación para echarnos a un lado e ignorar las peticiones que le hacemos.

Jesús nos advirtió que habría gente que profetizaría, echaría fuera demonios y haría muchos milagros en su nombre, y a quienes echaría fuera en el día del juicio. "Jamás os conocí; apartaos de mí." Si esto no es un gran ejemplo, de subir una escalera que descansa sobre el muro equivocado, no sé cuál sería. Yo no quería estar incluido en ese grupo.

Esos momentos de inseguridad me llevaron a ponerme de rodillas arrepentido, y me hicieron multiplicar mis esfuerzos en el compromiso con Dios. A pesar de poder mantener ese nivel de mayor trabajo durante unas semanas o meses, nunca tenía ninguna certeza de que las cosas que hacía eran lo suficientes para que Él se deleitara conmigo. Después de un tiempo, siempre regresaba al punto de partida.

Nunca olvidaré cuando todo cambió. Hace unos años, tras una dura y dolorosa decepción, pude reflexionar de manera serena, sobre la obra de Dios por nosotros en la cruz. Empecé a ver cuánto me amaba mi Padre y a comprender el deleite que experimenta con sus hijos. Esto hizo que mi vida fuese transformada radicalmente y espero que al contártelo, te ayude a transformar la tuya también.

Dios no necesita que le sirvamos como un medio para obtener su amor. Quiere que le sirvamos en la seguridad del amor que nos tiene en su corazón. Si nunca has vivido esta realidad, no puedes imaginar la libertad que tienes. Mi padre me llevó a un lugar donde pude comprender que así no volviera a predicar, aconsejar o nunca llevase a nadie más a sus pies, todavía seguiría deleitándose en mí como su hijo.

No significa que apruebe todo lo que hago, pero me ha liberado para que sepa que me ama —absoluta y completamente. Serví a Dios durante treinta y cuatro años, siempre con la idea oculta de tratar de ganarme su favor. Solamente durante los últimos doce años, he aprendido a vivir en su favor, y nunca daré marcha atrás.

En ese momento lo vi claro. No es el miedo de perder el favor de Dios lo que nos lleva a profundizar en la comunión con Él y a transformar nuestras vidas con su santidad.

Es la certeza de tener su amor de forma incondicional, incluso en medio de nuestras debilidades y fallos, lo que nos lleva a la plenitud de su vida.

El miedo nunca me llevó a las profundidades de su amor o a su poder transformador; descubrir su gozo sí lo hizo.

Ahora sé que la llave para el favor de Dios no descansa en lo que yo pueda darle, sino en lo que Él ya me ha dado.

Él se deleita en ti también. ¿Puedes verlo de esa manera en ti, gozándose y danzando de alegría?

¿No? ¿Piensas que tus equivocaciones y dudas disminuyen su amor por ti? ¿Tienes miedo de que no puedas darle lo suficiente para que se fije en ti?

Entonces ven conmigo y déjame mostrarte algo. Él no se deleita en ti debido a tus obras o tus regalos. Se deleita en ti simplemente porque eres suyo.

> *El Señor tu Dios está en medio de ti*
> *como guerrero victorioso.*
> *Se deleitará en ti con gozo, te renovará con su amor,*
> *se alegrará por ti con cantos.*
> —Sofonías 3:17

Para tu viaje personal

Examina honestamente los asuntos espirituales a las que dedicas tu vida. ¿Nacen de tu seguridad en el gran amor de Dios por ti, o en un intento de ganar su afecto? ¿Vives intentando pagarle a Dios por tu salvación, o por cualquier otro acto suyo a tu favor? Pídele a Dios que te ayude a poner en orden tus pensamientos y a entender que su amor va mucho más allá de cualquier regalo que puedas darle.

Para trabajar en grupo

1. Actualmente, ¿qué clase de regalos y ofrendas da la gente para tratar de ganarse el afecto de Dios?

2. ¿Han pasado alguna etapa como la que pasó Janice, trabajando duro, pero sintiéndose vacíos espiritualmente?
¿Qué aprendieron de esa experiencia?

3. ¿Ha habido en sus vidas algún momento en el que sentían que el Padre simplemente se deleitaba con ustedes?
¿Vivieron esto porque habían hecho algo para Él o solamente porque saben que los ama tal como son?

4. Oren juntos para que Dios les enseñe cómo sentirse aceptados únicamente por su amor y no por ninguna obra que
puedan hacer para Él, ni por algo que puedan darle.

Cuando aceptamos
nuestra impotencia
y nuestra incapacidad
para ayudarnos a nosotros
mismos, cuando reconocemos
que somos mendigos a
las puertas de la misericordia
de Dios, entonces Dios
puede hacer algo hermoso
de nosotros.

8

BRENNAN MANNING.
EL EVANGELIO RAGAMUFFIN

El hombre rico y el mendigo

ESTA ES LA HISTORIA de dos hombres. Son los dos únicos encuentros que a Marcos le parecieron significativos registrar durante el último viaje de Jesús a Jerusalén hacia su inminente muerte. Uno de ellos fue al comienzo del viaje, cerca de su casa en Galilea. El otro tuvo lugar en el último tramo del viaje, en la ciudad de Jericó antes de que Jesús viajara a Jerusalén.

Dos hombres, cada uno en tremenda angustia, se acercaron a Jesús pidiéndole ayuda. Por supuesto, Jesús concedió su favor a ambos, pero como veremos, sólo uno lo recibió. El otro se alejó del Señor, su rostro quedó desencajado y entristecido al haber entendido mal la oferta que Jesús le hizo.

Observa a cada uno cuidadosamente. ¿Por qué uno lo recibió y el otro no? Si eres como yo, te verás reflejado en ambos en diferentes épocas de tu vida. Pero ahora sabrás cuál de estos ejemplos muestra tu forma de responder a Dios y cuál de ellos escoges con la mejor intención pero se vuelve en tu contra.

La respuesta puede sorprenderte porque es lo opuesto a todo lo que a la mayoría de nosotros nos han enseñado a pensar de Dios y sobre cómo trabaja.

ATRAPADO EN EL HACER

Cuando Jesús comienza su viaje hacia Jerusalén, un hombre viene corriendo hacia él, lo detiene y se arrodilla en el suelo. "Buen Maestro... ¿qué debo hacer para heredar la vida eterna?" Tanto sus maneras como su postura demostraban la desesperación de su pregunta. Sabía que Jesús tenía algo que a él le faltaba, y quería saber el secreto antes de que dejara el pueblo.

La pregunta suena realmente genuina, incluso humilde. Jesús le respondió refiriéndose a los mandamientos.

El hombre rico nos dice mucho acerca de sí mismo. "He guardado estas cosas desde mi juventud."

¿En serio? Por supuesto ahora sabemos, y Jesús lo supo todo el tiempo, que aquello era imposible. Pablo dice que nadie ha sido capaz nunca de guardar o cumplir toda la ley de Dios, y que si una sola persona pudiese ganar la vida eterna por medio de la ley, pues entonces Cristo habría muerto en vano. Si este hombre hubiese sido honesto, lo hubiera reconocido. Dios nos dio la ley para que pudiéramos llegar hasta el fin de nuestras fuerzas y comprender que necesitamos a alguien que nos rescate.

¿Significa que estaba mintiendo? No necesariamente. A pesar de que él no guardara toda la ley, lo más importante es, que realmente pensaba que lo había hecho. Desde que era niño se había esforzado encarecidamente en obedecer la ley, con la esperanza de ganarse un lugar en el reino de Dios.

De este modo, llegó a pensar que había guardado la ley, tuvo que adaptarla a su propio estilo de vida. En otras palabras, tuvo que haber creado lagunas en su mente para justificar las partes de la ley que no había guardado, seguramente enfocándose en las partes fuertes de la ley, como el homicidio y el adulterio, excusándose por su propio odio, lujuria o egoísmo.

Por su desesperación sabemos que perdió lo más importante de la cuestión. El hecho de que estuviera buscando la vida eterna, deja claro que no la había encontrado todavía, ni estaba seguro de que su manera de vivir actual podría llevarlo hacia ella. Quería hacer algo más.

Este hombre estaba inmerso en sus propias obras. Se hace evidente por la pregunta que hizo al principio. El "yo" y el "hacer" que dijo: "¿Qué debo yo hacer?" Estaba enfocado en sí mismo, en su capacidad y sus recursos, intentando arduamente ganar lo que Jesús quería darle.

¡Cuánto anhelaba Jesús que lo entendiera! Marcos menciona de manera muy específica que Jesús lo miró con profundo afecto, lo amó. ¿Qué vio en Él? ¿Vio a un niño intentando ser perfecto como la única manera de ganar la aceptación de su padre? ¿Vio los años pasados de labor infructuosa? ¿Pudo ver las motivaciones torcidas que utilizaba para justificarse a sí mismo y mantener su ilusión de rectitud? ¿Vio el nudo en el estómago de este joven, producto de su empeño obsesivo con la perfección, que lo estaba destruyendo por dentro?

Probablemente Jesús vio todo esto y mucho más, y quería que él también lo viera. Su siguiente respuesta pareciera ser, a primera vista, uno de los comentarios más insensibles de Jesús: "Una cosa te falta: ve y vende todo lo que posees, y dalo a los pobres, y tendrás tesoro en el cielo; entonces ven y sígueme." Al oír estas palabras, el semblante del hombre rico cayó. Incapaz de hacerlo, se alejó apenado.

Con cuánta frecuencia he pensado en esta parábola, y con tremenda arrogancia, le reproché al hombre rico su incapacidad para hacer lo que Jesús le había pedido. "Fue muy codicioso como para seguir a Jesús", decía yo. "Amó más a su dinero que a Dios y ahora tendría que pagar por ello".

Pero, honestamente, ¿era ese el verdadero problema? ¿Quién podría ir a un reino así con esas condiciones? Cuando fui por primera vez a una conferencia de Billy Graham todo lo que se me pidió que hiciera fue arrepentirme y creer en Jesucristo. Si se me hubiese pedido que vendiera todo lo que tenía y que se lo diera a los pobres, dudo que hubiera seguido adelante. De hecho, dudo que cualquiera hubiera seguido adelante. Es más, nunca he conocido a una sola persona que haya venido a Cristo bajo esas condiciones, ¡ni a muchos que se quedaran si se les pidiese esto hoy!

Condenar a un hombre por no hacer lo que se le pidió al hombre rico, además de ser arrogante de nuestra parte, al hacerlo malinterpretamos completamente la cuestión que aquí se trata. Jesús no le estaba ofreciendo al hombre la oportunidad de comprar su salvación. Sólo quería que supiera que sus intentos por cumplir la ley durante su vida —nunca habían sido suficientes como para satisfacer ningún estándar de calificación para Dios.

ELEVANDO LA BARRA

Los entrenadores no preparan a los jóvenes saltadores de altura, ubicando la barra a la altura del récord mundial y retándolos a que intenten pasarla. La ubican a una altura que puedan lograr saltarla y luego, con el transcurso del tiempo, lentamente elevan la barra permitiendo que refinen la técnica, practiquen y se preparen para saltar cada vez más alto.

Pero Jesús no hizo esto en este caso. Al responder a la pregunta del hombre rico, Jesús coloca la barra a doce metros de altura. *¡Salta eso!* Y el hombre rico hizo exactamente lo que cualquier atleta haría, se fue descorazonado, sabiendo que esa tarea era imposible.

El hombre entendió la lección, pero no el propósito de esta. Jesús no quería ser malo con él. Elevó la barra más allá de la capacidad que tenía el hombre para superar la prueba, precisamente porque Jesús quería que dejase de intentar superar marcas. El regalo que le ofreció, era hacerlo libre de la carga de tener que ganarse el amor de Dios por sus propios esfuerzos. Estaba atrapado en su propia actividad y Jesús intentaba liberarlo.

Jesús esperaba que el joven lo mirara a los ojos y le dijera, "¡No puedo hacer eso!", a lo que Jesús le pudo haber contestado, "Bien, entonces deja de hacer todas las obras para intentar ganarte el favor de Dios. ¡Deja de luchar, deja de aparentar, deja de tratar de ganarte aquello que nunca podrás ganar!"

Jesús quería que este hombre dejara de vivir bajo la tiranía de la línea de favor, pero sabía lo difícil que es para la gente con grandes recursos hallar el camino a su reino. Tales personas tienden a pensar que pueden ganárselo o comprarlo. Se centran en sus propios esfuerzos y recursos como para, sencillamente, recibir el regalo de Dios.

La dependencia del hombre rico de sus propios recursos, le estaba robando la vida que buscaba. No importa cuánto pudiera hacer, sus esfuerzos nunca cubrirían el vacío que quedaba en su corazón al no encontrar la aprobación de Dios. Solamente a través del entendimiento, podemos descubrir lo que realmente significa ser aprobados como hijos de Dios y encontrar seguridad en su amor por nosotros.

Esto no quiere decir que en la medida en que lo amemos, no nos traerá una mayor libertad de nuestras posesiones y nos enseñará la bendición que es, el ser generosos. Pero surgirá, no de los intentos que hagamos para ganar su favor, sino como una respuesta agradecida al favor que Él nos ha mostrado. Incluso cuando Pedro comenzó a decirle que él y los demás dejarían todo por seguirle, Jesús les recordó, que ninguno de ellos había dejado nada que Él no les hubiese suplido, con creces. Es cierto que dejaron sus cosas no para ganar la vida eterna, sino porque la relación con Jesús había capturado sus corazones.

Tristemente, sabemos cuál fue el final de este joven hombre rico. Mi esperanza era que las palabras de Jesús finalmente hiciesen la obra en su corazón. De todas maneras, Jesús le ofreció un increíble regalo —el secreto del favor de Dios.

"¡SEÑOR, TEN MISERICORDIA!"

Pocos días después, Jesús estaba saliendo de Jericó, en lo que sería su marcha final hacia las colinas de la ciudad de Jerusalén, cuando otro hombre buscó su ayuda. Este hombre era un mendigo ciego sentado a un lado del camino. Escuchó una gran multitud alrededor de Él, y quiso saber de qué se trataba. Alguien le dijo que Jesús de Nazaret venía por el camino de Jerusalén para ir a la fiesta.

Bartimeo había oído hablar sobre este maestro de Galilea, lo suficiente como para saber que tenía el poder para ayudarlo. Comenzó a gritar, "¡Jesús, Hijo de David, ten misericordia de mí!"

La gente que estaba cerca se avergonzaba por sus gritos y le pidieron que se callara. Al fin y al cabo, sólo era un mendigo. ¿Por qué querría Jesús preocuparse por él? Esto hizo que Bartimeo gritara aún más alto, hasta que Jesús lo escuchó. Hizo que lo trajeran e hiciera su petición, "quiero recuperar la vista."

Si te das cuenta, no pidió que Jesús le dijera lo que necesitaba hacer para recuperar la vista. No trató de hacer ningún intercambio basándose en mérito alguno que pudiera tener para hacerse merecedor del milagro. Simplemente puso toda su confianza en la misericordia de Jesús.

Y eso fue suficiente.

Jesús no le pidió que vendiera todo lo que tenía. Jesús lo sanó y resaltó el hecho de que Bartimeo se centró en lo que necesitaba. "Ve; tu fe te ha salvado." No solamente recibió sanidad, sino también salvación.

Jesús no amó más al mendigo que al hombre rico, ni le dio a uno y a otro no. Le dio de su gracia a ambos. Sólo que uno la reconoció y el otro no, y la diferencia entre los dos es todo lo que necesitamos saber para encontrar vida en Dios.

Jesús quería que los discípulos entendieran este concepto. Desde el comienzo del viaje, les había contado una parábola que ilustraba estos dos encuentros perfectamente. Les habló acerca de un fariseo y un cobrador de impuestos entrando al templo. El fariseo se deleitaba en su rectitud — en cómo él estaba mucho más comprometido que cualquier otro que conociese. Incluso se destacó a sí mismo por encima del cobrador de impuestos que estaba orando cerca. "Dios, te agradezco por no ser como los demás, ni como este cobrador de impuestos."

Esto es lo que produce vivir por nuestros propios esfuerzos. Ya que nunca podremos ser lo bastante buenos por nosotros mismos, buscaremos justificarnos siendo mejores que la mayoría de los otros creyentes o de las personas de nuestro alrededor. Para fabricar este engaño nos apoyamos en las debilidades de los demás, despreciándolos. Cada vez que nos colocamos por encima de otros, sólo demostramos lo poco que entendemos la misericordia de Dios.

El cobrador de impuestos, por otra parte, ni siquiera se atrevía a mirar hacia arriba, sino que golpeaba su pecho orando, "¡Dios ten misericordia de mí, que soy pecador!" Entonces Jesús pregunta, ¿cuál de ellos se fue a su casa justificado? La respuesta era obvia, tan obvia como los encuentros de Jesús con el hombre rico y el mendigo.

Cuando seas tentado a establecer tu relación con Dios basándote en tu propia bondad o sacrificio, ni lo intentes. Visualiza una barra tan alta que nunca podrás saltarla. Acércate a Dios sobre la base de tus propios esfuerzos, y siempre te alejarás decepcionado y desilusionado. Pero esto no es una mala noticia.

Significa que Dios ha cumplido en sí mismo todo lo que podría demandar de nosotros. Abandonar la idea de establecer la relación con Dios a través de nuestros propios méritos, es esencial para experimentar el poder del evangelio. Apréndelo y se abrirá una puerta delante de ti que te llevará al corazón del Padre amoroso. Este es el camino para saber que Él se deleita en ti con alegría y que es poderoso para transformarte a la plenitud de su gloria.

Él te ama absoluta y completamente. Descubrir hasta qué punto te ama revolucionará tu relación con Él y tu vida en este mundo.

*Mas id, y aprended lo que significa: "misericordia
quiero y no sacrificio"; porque no he venido a llamar
a justos, sino a pecadores.*

—MATEO 9:13

Para tu viaje personal

Pasa tiempo con Dios considerando tu propia relación con Él.
¿Tus peticiones suenan más, como las del hombre rico o como
las del mendigo? ¿Comienzas el día pendiente de si te esfuerzas o no lo suficiente, o te centras en la misericordia de Dios
y su amor por ti? Se nos ha enseñado que la vida con Dios es
algo que ganamos con esfuerzo diligente y no es fácil de desa-
prender. Pídele a Él que te ayude a entender su misericordia y
cómo dejar de intentar saltar una barra que tú nunca podrás
alcanzar.

Para trabajar en grupo

1. ¿Se asemejan más al hombre rico o al mendigo? Expliquen
por qué.

2. Describan las barreras que han intentado saltar para ganar
el favor de Dios.

3. ¿Por qué piensan que nos hemos puesto tantas barreras para
saltarlas como prueba de que nos tomamos en serio la vida
en Cristo?

4. ¿Cómo podrían ser sus vidas si todos los días confiaran en
la misericordia de Dios?

5. Oren los unos por los otros para que puedan aprender la
diferencia entre misericordia y esfuerzo.

*El ideal cristiano
no ha sido intentado
y hallado imposible.
Más bien se encontró
que es muy difícil
y se abandonó
in intentar alcanzarlo.*

G.K. Chesterton

9

El Dios al que nos gusta temer

ERA UN JUEGO EXTRAÑO al que jugábamos de niños. Solíamos asustarnos entre nosotros sólo por diversión.

Estábamos sentados delante de la casa de alguien, cuando de repente uno de nosotros señalaba a la calle diciendo que había visto a un secuestrador que venía hacia nosotros. El resto del grupo fingía asustarse.

"No es broma, sé que lo vi mirando hacia aquí." Por un momento él podía continuar con la farsa y nosotros no la creíamos. Luego, alguien más se unía al cuento y señalaba a algún sitio que pensaba que era sospechoso, algo que se dirigiera hacia nosotros, o un coche pasando muy lentamente. Entonces el juego comenzaba.

Todos contribuíamos en el cuento con la esperanza de asustar a los demás y hacerlos huir de miedo. El último en correr era el ganador. Éramos pequeños y normalmente no tomaba mucho tiempo para que todos saliéramos corriendo asustados. En algún punto del proceso, la realidad se había distorsionado y nos creíamos nuestros propios cuentos. De repente todos habíamos dejado el portón corriendo hacia el jardín trasero o bajando a un lugar seguro en el sótano.

Después de unos minutos nuestro miedo se calmaría y, entre risas, volveríamos a contar aquella historia.

Era sólo un juego, pero nos permitía probar el poder del miedo. Aunque lo hubiésemos fabricado nosotros y nos hubiésemos atrevido a resistirlo, al final nos vencía.

UNA FUERZA PODEROSA

Si alguna vez has intentado dormirte en la noche teniendo miedo, también conoces su increíble poder. Aún cuando podemos desestimarlo con argumentos racionales, el miedo impone su voluntad sobre la nuestra, como una marea creciente.

Aquellos que motivan personas saben que no hay ningún otro factor que funcione mejor. Lo he visto en mi trabajo, al ayudar a las escuelas públicas a superar las situaciones en las que la iglesia y el estado chocan. Todas las cartas enviadas por grupos de abogados de ambos lados apelan exclusivamente al miedo de lo que el otro lado está haciendo para destruir "el país que todos amamos." Saben que nada funciona mejor para hacer que la gente dé dinero u ofrezca voluntariamente su tiempo y energía.

El miedo inunda la vida hoy en día. Es lo que hace que vayas a trabajar por la mañana, cierres tus puertas de noche y tu corazón se acelere cuando un coche de policía se coloca detrás del tuyo. La publicidad lo usa, y también los amigos y la familia cuando quieren que hagas lo que ellos piensan que es lo mejor.

Y hay tanto a que temer:
Tememos a lo desconocido.
Tememos no ser reconocidos.
Tememos no tener lo suficiente.
Tememos que nos pillen haciendo algo malo.
Tememos no encontrar jamás la persona correcta
para casarnos.
Tememos a las enfermedades crónicas
o que amenazan la vida.
Tememos por la seguridad de nuestros hijos.
Tememos a lo que otras personas piensen de nosotros.
Tememos que no piensen en nosotros.
Tememos al crimen.
Tememos perder a alguien que amamos.
Tememos a la autoridad.
Tememos no alcanzar las cosas que más deseamos.
Tememos lo que otros puedan hacernos.
Tememos ser rechazados.
Tememos fracasar.
Tememos que alguien se aproveche de nosotros.
Tememos perder nuestro trabajo
Tememos quedarnos solos.
Tememos que la gente se dé cuenta que no somos todo
lo que decimos que somos.
Tememos que algo malo nos pase.
Tememos no encajar.
Tememos a la muerte.

No es sorprendente que no sea fácil dormir algunas noches, y no es sorprendente que tengamos altos picos de estrés, desde dolores de cabeza hasta depresión. El miedo es tan poderoso, que casi todas las instituciones humanas lo utilizan de diferentes maneras para mantener a las personas bajo control. Ofreciendo la combinación correcta de premios y castigos, fácilmente explotamos los miedos de la gente para hacer que hagan lo que de otra manera no harían.

Sería más fácil demostrar esto si el miedo siempre nos llevara a hacer algo dañino y/o destructivo, pero no es así.

A veces el miedo nos lleva a tomar decisiones prudentes. El miedo a ser sorprendido, puede pesar más que nuestra tentación a hacer algo malo. El miedo a perder nuestro trabajo nos llevará a trabajar lo más duro posible.

En un mundo caído, el miedo es la única forma de mantener a la sociedad en orden. Siendo seres preocupados sólo por nuestros propios intereses, el miedo a las consecuencias dolorosas es la base de todas las leyes y la autoridad. Antes de la muerte de Jesús en la cruz, no había nada más. Dios mismo usó el miedo para ayudar a su pueblo a guardarse del pecado. "El temor del Señor es el principio de la sabiduría," escribió el salmista. Llegamos a la lamentable conclusión de que el miedo no es el problema en sí —sino aquello a lo que tememos. Si podemos temer al maravilloso, santo Dios más que a nada en nuestras vidas, esto nos llevará por el camino correcto. O al menos eso pensamos.

De esta manera llegamos a ver al temor de una manera ambivalente. El miedo a lo que otros puedan pensar puede llevarnos al camino equivocado, pero el temor a Dios puede ayudarnos y motivarnos a la santidad. No terminamos de ver el miedo como el problema, mientras sea a Dios al que más temamos.

GANADOS POR EL MIEDO

Miremos por un momento la historia del cristianismo. Enseñar a la gente a temer a Dios y a sus juicios ha sido uno de los métodos más usados para mantener a los fieles bajo control. Hoy en día, también es fácilmente aceptado como el mejor método para conseguir que la gente siga a Dios.

La catedral de Santa Cecilia (en Albi, al sur de Francia) está ubicada en un lugar elevado por encima de cualquier otro edificio. Al igual que la Capilla Sixtina en el Vaticano, el techo y las paredes del magnífico edificio están pintados con escenas bíblicas.

La historia de la Biblia entera ha sido pintada a lo largo de todo el techo, sobre un fondo azul brillante, comenzando en la parte trasera de la catedral, con la Creación y el

Edén y terminando al frente con el Juicio Final. Allí, detrás del altar y de una forma sobrecogedora por su gran tamaño, está una de las composiciones a todo color más grandes del mundo, de aproximadamente doce metros de alto y nueve de ancho. En su forma original, la pintura muestra a Dios sentado en su trono en el centro, juzgando entre las ovejas y los cabritos.

Los cabritos son echados al tormento del infierno, representados agonizando en siete paneles individuales que abarcan completamente la parte baja de la composición. Cada panel tiene cuatro metros y medio de alto y muestran cómo aquellos que son culpables de cada uno de los siete pecados capitales serán atormentados en el infierno. Por ejemplo, al codicioso se le muestra doblado, con demonios echando oro derretido por sus gargantas.

Pintada en el siglo catorce, esta escena muestra lo que los artistas firmemente querían dejar en las mentes de los fieles que se reunían en la catedral. Dios es un juez temible, y cosas terribles le sucederán a aquellos que no hagan lo que Él dice. Es un dicho muy extendido a lo largo de la historia cristiana —incluso hoy en día.

Esperando para entrar a un concierto junto a mi esposa, nos enfrentamos a un grupo de personas que gritando anunciaban nuestra condena al infierno. "¿No te importa condenarte?," me gritó alguien a la cara a sólo unos pasos de distancia. "Arrepiéntete, o arderás en agonía para siempre," gritó otra persona del grupo.

No tuve duda alguna de las buenas intenciones de esta gente, creyendo que esta era la mejor manera de llevar a la gente a Dios. Era obvio, que la multitud de su alrededor no estaba siendo convencida. La mayoría los ignoraba por la imposición de su mensaje.

A través de la mayor parte de la historia, el cristianismo ha ido inseparable a la idea de un Dios de juicio. Los murales en la catedral en Albi, el sermón de Jonathan Edwards "Pecadores en las Manos de un Dios Iracundo", o la invitación a recibir a Cristo: "porque podrías morir esta noche e ir al infierno," todos buscan edificar sobre el fundamento del miedo. A pesar de que es efectivo para hacer que las personas hagan compromisos inmediatos con Cristo, raramente ha llevado al crecimiento y a la pasión espiritual.

¿No es raro que el argumento más poderoso en nuestros días para conocer a Dios, sea el horror de no hacerlo? No encuentro tal preocupación en el ministerio de Jesús, por parte de aquellos que lo siguieron. Ciertamente Él y los escritores del Nuevo Testamento nos advirtieron acerca de lo destructivo que es el pecado y de las consecuencias que recaen sobre aquellos que rechazan su oferta de salvación. Pero Él no utilizó el miedo para inducir a la gente a seguirlo.

Él invitó a los que estaban a su alrededor a conocer a un Dios que los amaba completamente y a un reino más valioso que cualquier cosa que hubieran conocido. No utilizó sus miedos, porque sabía que el miedo era parte del problema, incluso cuando temieran a Dios. A pesar de poder haber sido una herramienta para manipularlos fácilmente, nunca sería suficiente para llevarlos a la plenitud de la gloria de su Padre.

CUANDO EL MIEDO NO ES SUFICIENTE

Una vez pensé que me había perdido el Rapto, y eso para un muchacho de doce años puede ser bastante traumático.

A través de una trágica cadena de errores en mi escuela de secundaria, no recibí el mensaje que me habían enviado mis padres para decirme que no tomara el autobús al salir de clase, pues ellos me recogerían.

Así que tomé el autobús como solía hacerlo. Sólo que aquel día fue diferente. Para empezar, mis hermanos mayores, quienes siempre se subían primero al autobús, no estaban allí. Pocos minutos después cuando llegamos a la escuela primaria en la ruta, mi hermano menor tampoco estaba en la fila. ¿Cómo puede ser?

Inmediatamente recordé las palabras que el pastor había hablado el domingo anterior en la iglesia. Predicó sobre la Segunda Llegada de Cristo, y nos contó acerca de dos personas en un campo. Una fue tomada, y la otra fue dejada para enfrentar el tormento de la Gran Tribulación. "Si existe un pecado no confesado entre tú y Dios cuando Jesús venga de nuevo, tú serás dejado." No necesité mucho tiempo para realizar una lista con pecados que podrían haberme hecho perder mi participación en el rapto.

Fue el camino más largo de mi vida. Según llegaba a mi parada, mi imaginación se desataba. Estaba seguro de que me había perdido el rapto. Corrí los cuatrocientos metros que me faltaban para llegar a casa, esperando que al menos uno de mis padres estuviera en casa. Pero no estaban.

Me sentí asolado. Oré. Lloré. Me arrepentí. Le rogué a Dios que me llevara aunque fuera un poquito más tarde, pero todo fue en vano. Aterrorizado con la tribulación por venir, sabía que ir al infierno sería mucho peor. En ese momento determiné que sería fiel a Dios sin importar lo que el anticristo intentara hacerme. A pesar de que había desperdiciado mi primera oportunidad, no lo haría igual con la segunda. En la arrogancia de mi juventud, me preparé para enfrentar al anticristo.

Una hora después mis padres regresaron con el resto de la familia y con el error de comunicación descubierto. ¡No me perdí el rapto después de todo! Estaba aliviado con la noticia, pero no me arriesgaría en el futuro. Iba a ser el mejor muchacho de doce años que Dios nunca hubiese tenido.

Durante el mes siguiente, probablemente lo fui. De la mejor manera que pude, en esos momentos, viví sin pecado, evitando cualquier tentación que tuviera y pasando tiempo en oración y lectura de la Biblia cada día. Pero aquello no duró. Conforme pasaban los días, también pasaba mi temor, hasta que algunos meses después volví a estar justo donde había empezado.

Jesús conocía aquel temor, como una muleta para alguien con una pierna rota, sólo es una restricción temporal. A pesar de que puede ser una gran ayuda a corto plazo, es totalmente inútil a largo plazo. No sólo no puede cambiarnos realmente, sino que sólo nos controlará mientras puedan mantener nuestro miedo. He aquí el porqué de los sermones acerca del juicio de Dios son tan comunes en el cristianismo. Nos confrontan con nuestros miedos acerca de Dios y buscan provocar que vivamos de la manera que creemos que debemos vivir. El arrepentimiento que provocan y la resolución para volver a dedicarnos al propósito de Cristo, nos hace sentirnos limpios nuevamente.

Tales experiencias nos ayudan a vivir mejor por una temporada —pero sólo por una temporada. Con el tiempo, la pasión de esos momentos decae y el viejo yo encuentra su camino de regreso a nuestras vidas. Terminamos atrapados en los mismos patrones de los que nos habíamos arrepentido. Rápidamente, el ciclo se repite.

El miedo no puede llevarnos a una transformación permanente sino sólo a un cambio momentáneo de conducta. En vez de invitarnos a entrar en una relación con el Dios vivo, nos echa afuera con sentimientos de insuficiencia y fracasos repetitivos.

Jesús tenía un camino mucho mejor. Él quería romper con las mismas ataduras del temor —sobre todo de nuestro miedo a Dios. Él conocía una fuerza mucho más poderosa —una que no decae con el paso del tiempo y nos invita a las profundidades de una relación con Dios. No se conformaba con menos. ¿Por qué deberíamos nosotros?

> *No tengan miedo, mi rebaño pequeño, porque es la buena voluntad del Padre darles el reino.*
> —Lucas 12:32

Para tu viaje personal

Piensa en la primera vez que te comprometiste con Cristo. ¿Lo hiciste porque te viste inundado con su amor o porque tenías miedo de su castigo? Cuando piensas ahora en Dios mirándote a cada momento todos los días, ¿te encuentras fortalecido o atemorizado? ¿Ves el temer a Dios como algo necesario para ayudarte a evitar el pecado y de este modo hacer las cosas que crees que Dios quiere que hagas?, y si es así, ¿te ha ayudado esta idea en tu vida a no caer en el pecado? Medita bien sobre estas preguntas mientras le pides a Dios que te muestre cómo tu temor a Él puede mantenerte alejado de sentirte seguro en su presencia.

Para trabajar en grupo

1. De los temores que se presentan en este capítulo, por lo general ¿cuáles creemos que son útiles?, ¿y cuáles dañinos? ¿Con cuáles batallan durante la mayor parte de su día a día?

2. En algún momento de sus vidas, ¿el temor de Dios los ha ayudado a evitar alguna acción dañina?

3. ¿Ha sido esto suficiente para hacer que dejen de pecar completamente?

4. Hablen acerca de momentos en los que el temor del Señor fue real para ustedes. ¿De qué manera afectó este temor a su relación con Él?

5. Oren juntos sobre lo que han estado hablando, pidiéndole a Dios que los libere de la esclavitud del temor.

¿La conciencia de que Dios nos ama incondicionalmente podría llevarnos a la pereza espiritual y la laxitud moral?
Teóricamente, es un temor razonable, pero en realidad es exactamente lo opuesto...
Mientras más enraizados estemos en el amor de Dios, más generosamente viviremos nuestra fe.

10

BRENNAN MANNING. LEÓN Y CORDERO

La fuerza más poderosa del universo

"¿ME AMAS?" ¿Habrá una pregunta más difícil que pueda hacerte alguien que te importa? Esta palabra implica que has hecho algo que sugiere lo contrario. ¿Cómo respondes con palabras cuando tus acciones se quedan cortas?

"¿Me amas?" Las palabras deben haberse metido en lo más profundo del corazón de Pedro cuando Jesús lo probó. Había pasado algo más de una semana desde que Pedro abandonó a Jesús en su momento de mayor necesidad. Después de prometer que moriría por Jesús, los temores de Pedro lo vencieron. A la hora de la verdad, demostró a todos que amaba más su propia vida, que la de su amigo.

Jesús ya le había hecho la pregunta dos veces, refiriéndose a la mayor intensidad de amor que alguien podía ofrecer a otro. En ninguna de las ocasiones, Pedro pudo decir 'te amo'. En la danza verbal en que estaban metidos esa mañana a la orilla del Galilea, Pedro respondió con una palabra diferente en vez de la palabra 'amor' que Jesús había utilizado. "Tengo gran cariño por ti, como hacia un hermano," le respondió.

No se nos dice por qué no pudo responder con la palabra que Jesús usó, pero es fácil asumir que su fracaso de aquélla noche pudo haber estado influyendo en la respuesta. Pedro sabía que no lo amaba tanto como había pensado, y posiblemente al enfrentar su negación intentó hallar una palabra que encajara más honestamente con sus acciones.

Cuando le preguntó por tercera vez, Jesús utilizó la palabra que Pedro estaba usando y que se refiere al afecto fraternal. A pesar de que Pedro respondió afirmativamente, se sintió herido por el hecho de que le hubiera preguntado tres veces. Pero podemos ver a Jesús sin inmutarse frente a sus respuestas. Las tres veces, invitó a Pedro, más allá de su debilidad, a ministrar en su reino, "apacienta mis ovejas." su mensaje fue claro. No has dañado nada. Tu error no ha cambiado lo que había entre nosotros. Sigues dentro de la familia.

Este intercambio es fascinante por un buen número de razones, pero lo más increíble, probablemente, no es la respuesta que buscó por parte de Pedro, sino el simple hecho de que Jesús le hiciera la pregunta.

¿Qué le interesa a Dios acerca del hecho de ser amado?

EL DIOS QUE QUIERE SER AMADO

¿Me amas?

Esta no es exactamente la pregunta que esperamos que Dios nos haga, y aún así Juan la registra como una de las conversaciones más importantes que el Jesús resucitado tuvo con uno de sus discípulos. El que lo preguntara más de una vez hace que nos enfoquemos aún más en la pregunta.

¿Por qué Dios se preocuparía por ser amado? Es el Todopoderoso Dios, entronado en la presencia de miles de ángeles que lo adoran. Puede exigir obediencia simplemente porque Él es el poder más grande en todo el universo. ¿Por qué estaría buscando el amor de Pedro?

Parece mucho más cómodo cuando nuestras deidades transmiten miedo. Casi todos los ídolos y falsos dioses que el hombre ha creado buscan la sumisión de sus súbditos por medio del terror. Pero, ¿amor? ¿Qué dios falso ha querido jamás que lo amen? ¿Temido? ¡Sí! ¿Obedecido? Sí. Pero nunca amado.

Después de que su obra en la cruz fue completada, Jesús vino buscando amor, y lo buscó de uno que le había fallado estrepitosamente. ¿Pudo ser esto lo que más quiso que la cruz produjera en sus seguidores? ¿Fue su muerte diseñada para dejar atrás los miedos sobre Dios y comenzar una nueva relación basada ahora en la intimidad del amor? ¿Qué más pudo ser?

A través del Antiguo Testamento, Dios frecuentemente se identifica a sí mismo como el Dios de amor y misericordia, pero pocos lo entendieron de esa manera. Parece que sólo eran capaces de obedecerle bajo la amenaza de un juicio. Incluso les manda a amarlo con todo su corazón, pero aparentemente, el método utilizado negaba el fin ¿Puede el verdadero amor ser un mandamiento?

Lo que Jesús buscaba de Pedro refleja lo que el Padre siempre ha querido de su pueblo, pero que raramente hemos comprendido. Deseaba el calor y la ternura de una relación llena de amor. Pedro no había perdido nada de esto. Si el poder de la cruz podía borrar ese fracaso, entonces algo nuevo había sucedido realmente. Jesús estaba invitando a Pedro a olvidar su caída para experimentar las profundidades del amor de Dios —para pasar a estar dentro de la fuerza más poderosa del universo.

El amor se encuentra en el mismo centro de la naturaleza de Dios. De hecho, cuando Juan resumió la sustancia de Dios, lo explicó con una frase muy sencilla: "Dios es amor." Quizás no podamos usar términos concretos para explicar todo lo que es Dios, y cómo Padre, Hijo y Espíritu se relacionan en unidad, pero lo que sí sabemos es que existen en un estado perfecto de amor.

Cuando ese amor te toque, descubrirás que no hay nada más poderoso en todo el universo. Es más poderoso que tus errores, tus pecados, tus decepciones, tus sueños e, incluso, más poderoso que tus miedos. Dios sabe que cuando experimentes la profundidad de su amor, tu vida cambiará para siempre. Nada puede prevalecer sobre Él; y nada más te llevará a probar esa clase de santidad.

MÁS FUERTE QUE EL MIEDO

No estoy diciendo que el temor de Dios es malo, sólo que es incompleto. Ese es el primer peldaño de la escalera para conocer a Dios en su plenitud. Él mismo dijo que el temor era el principio de la sabiduría, pero es sólo el principio. El amor es el producto final de la misma.

Si tú no amas a Dios, te estaría bien temerle. Al menos eso puede guardarte de conductas que te destruirán a ti y a otros alrededor tuyo. Pero una vez que conozcas cuánto te ama, nunca más necesitarás temerle. En otras palabras, este Padre no solamente busca tu obediencia, desea tu afecto. Puede tener tu obediencia sin tu amor, pero sabe que si tiene tu amor, tendrá también tu obediencia.

"No hay temor en el amor, porque el temor lleva en sí castigo," escribió Juan para intentar convencer a la iglesia de que el amor de Dios había reemplazado el viejo orden del temor. Aquello era revolucionario en aquel entonces, y lamentablemente lo sigue siendo hoy en día. Parece que nos sentimos más cómodos temiendo a Dios que amándolo.

Pero el temor no está en la naturaleza de Dios. Él no le teme a nada. De la misma manera, su propia Santidad no es producida por su temor, sino por su amor. De hecho, el miedo no puede producir la santidad que Dios desea compartir con nosotros. Es incapaz de hacer eso. Para que Dios nos transforme para ser como Él, debe sacar nuestro temor y enseñarnos la maravilla de vivir en su amor.

Juan muestra al amor y al temor como totalmente opuestos. Antes de la venida de Jesús, Dios usó el temor para mantener nuestras pasiones a raya, pero esto nunca hizo santo a nadie. Dios quiso ganar nuestro amor a través de Cristo. De manera que ya no necesita nuestro temor, sabiendo que nunca podremos amar aquello a lo que tememos.

Tú puedes creer honestamente que el policía de tráfico que está en la carretera y va detrás de ti, vela por tu bien, pero eso no te hace tenerle cariño. De hecho, el miedo a que te ponga una multa hará que tengas más cuidado en tus movimientos. Durante el tiempo que permanezca cerca de ti, estarás más seguro que en cualquier otro momento en la carretera. No solamente estás conduciendo con más precaución, sino también los otros conductores de tu alrededor.

Pero no dejas de sentirte aliviado cuando al final cambia de dirección ¿verdad? A pesar de que su presencia era de más ayuda para ti de lo que te puedas imaginar, esto no hace que quieras convertirte en su amigo. Los motivos para amoldarte no producen intimidad.

Allí es donde la religión institucionalizada con frecuencia se equivoca, y el porqué tanta gente que va a la iglesia permanece tan distante de Dios y sin cambios en su carácter. Pensamos que ajustamos a los caminos de Dios nos acercará más a Él, cuando es totalmente lo contrario. Si nos enfocamos en nuestros propios temores y logros, nos parecerá estar más distantes del Señor. Sólo cuando vivamos en la certeza del amor de Dios, es cuando le permitiremos que nos transforme.

El temor a Dios nos puede mover a ajustar nuestra conducta a sus deseos, pero no durará. Porque aquello que nos obliga a actuar en contra de nuestra voluntad, incluso cuando nos lleve a un buen comportamiento, no nos cambia. La conducta resultante sólo dura mientras dure el temor, que es la razón por la que los que se aproximan de así, necesitan mayores niveles de temor para mantenerse motivados.

Dios sabe que responder a su amor, te llevará mucho más lejos que lo que el miedo jamás logrará. Por ello el amor debe tratar primero con tus temores. "El perfecto amor echa fuera todo temor," continuó Juan. Mientras el miedo puede ser la motivación más poderosa conocida por el hombre, el amor de Dios lo es más. Y en su presencia, nuestros temores son eliminados por él. El amor desplaza al temor de la misma manera que la luz desplaza a la oscuridad.

No hay nada más crucial para el crecimiento espiritual que hacer esta transición. Juan concluye, "aquel que teme no ha sido perfeccionado en el amor" (1 Juan 4:18). Mientras vivamos en temor, nos excluiremos a nosotros mismos del verdadero proceso que nos hará completos en Dios.

Las personas que han servido a Dios porque temen su castigo, intentarán complacerlo haciendo las mejores obras posibles, y siempre sentirán que se quedan cortos. Dominados por la culpa y teniendo que justificarse a sí mismos por sus equivocaciones, nunca descubrirán qué es lo que significa hacerse amigo de Dios.

Dios tiene mejores cosas en mente para ti. Quiere que conozcas su amor tan profundamente, que el temerle ya no tenga lugar en tu vida. Cuando estés absolutamente convencido de lo mucho que te ama, todo temor saldrá de ti. No temerás a tu futuro, ni al rechazo de los amigos, ni a la pérdida de lo que más deseas, ni siquiera a Dios mismo. Conocer su corazón te liberará para confiar en Él más que nunca y eso solamente te llevará a una mayor participación en su santidad.

¡QUÉ MANERA DE AMAR!

Podrías pensar que ser libre del temor del Señor son grandes noticias, pero no creo que todo el mundo comparta mi entusiasmo. Muchos ven en su temor de Dios, o de su juicio eterno, el único motivo que los guarda de cometer pecado. Sin él, temen poder volver a la carne, se aferran al temor de Dios como si fuese un salvavidas en medio de una tormenta en el mar.

Es muy difícil deshacernos de este miedo a Dios si nos ha servido de ayuda. Es comprensible. No solemos pensar en el amor como motivo suficiente para mantenernos a raya. Todos sabemos que amamos a nuestros padres, pero no lo suficiente como para dejar de hacer cosas que nos dicen que no hagamos. Sólo el temor de ser descubiertos y castigados era suficiente para cohibirnos de hacer lo malo. Muchos de nosotros tenemos la misma imagen de Dios, así que no nos debe sorprender que confiemos más en nuestro miedo, que en su amor.

Pero el amor que Dios nos extiende, y al cual nos invita, no es como ningún otro amor que hayamos conocido. "En esto conocemos lo que es el amor: en que Jesucristo entregó su vida por nosotros (1 Juan 3:16)." Juan define el amor de nuestro Padre por nosotros, porque sabía que nuestras referencias terrenales de lo que es el amor, nunca harían justicia al amor de Dios.

El amor en términos terrenales está invariablemente relacionado al interés propio. Es por esto que la gente habla de enamorarse o desenamorarse. Lo que quiere decir es que sentimos afecto por alguien cuando esa persona nos aporta algo positivo. Sin embargo, cuando deja de hacerlo o se convierte en una carga en vez de ser alguien con quien disfrutamos, ya no sentimos el mismo afecto por ella. ¿No hemos pasado todos por experiencias de haber tenido amigos cercanos, quienes se volvieron en contra nuestra justo cuando ya no servíamos a sus intereses? ¿No les hemos hecho esto mismo a otros? El "amor" centrado en uno mismo sólo puede buscar su propio beneficio.

Solamente de manera excepcional y momentánea, el amor por los demás nos motivará a negar nuestros propios intereses y a sacrificarlos por otros. Probablemente, las más grandes historias en la literatura versan sobre este tema y son las que nos tocan más profundamente. Estas historias nos ofrecen una mirada a lo eterno. Sin embargo, son raras las relaciones en este mundo que se elevan a tal auto sacrificio.

Pero eso es exactamente lo que Jesús hizo por ti. Al hacerlo cambió por completo la definición de amor. El amor de Dios no está basado en el *egoísmo*, sino en la *auto negación*. No dio su vida en la cruz para servirse a sí mismo, sino para servir a aquellos que estábamos perdidos en el pecado. Al hacerlo, mostró un amor por nosotros que sólo podemos encontrarlo en Él. Ese amor cede sus propios deseos a favor de un bien mayor. Y todo ello no fue hecho para ser el tema de una novela, sino como la manera en que podemos vivir cada día.

Te puede parecer muy lejano a tu experiencia. No estamos programados para pensar en estos términos, habiendo aprendido a pensar desde muy pequeños que si vamos a sobrevivir en este mundo, tenemos que ver por nosotros mismos. No tenemos ni idea de cómo amar desinteresadamente y no tenemos la capacidad de hacerlo a través de un compromiso o devoción personal.

Juan lo dijo mucho mejor que yo. "Nosotros amamos a Dios porque él nos amó primero" (1 Juan 4:19). Hasta que no experimentamos el amor genuino de Dios y confiamos en Él, en cada detalle de nuestras vidas, no podremos ser libres del poder del ego. De ahí la importancia que tiene el entender la muerte de Jesús en la cruz como un acto de amor por ti. Esta enseñanza ha sido negada durante mucho tiempo por la familia de Dios. Si ves la cruz únicamente como un acto para satisfacer la justicia de Dios, entonces la despojas de su poder.

La puerta de entrada al amor del Padre comienza en la cruz. Ver lo que el Padre y el Hijo llevaron a cabo juntos en ese momento de clímax define al amor de una manera que sólo puedes experimentar en Él. Este es el amor que te hará sentir perfectamente seguro en la presencia del Padre. Te liberará para ser exactamente quién eres, con todas tus debilidades y nunca más tendrás que fingir delante de Él.

Entonces descubrirás que la vida en Dios surge de tu seguridad en su amor, no de tu inseguridad de que no lo amas lo suficiente. Esta era la lección que Jesús quería enseñarle a Pedro aquella mañana a la orilla del Galilea. Dado que Pedro no pudo responder que amaba a Jesús con la intensidad que le preguntaba, tenía que aprender más acerca del poder de la cruz. Pedro tenía miedo de que sus propios defectos no hubieran sido borrados por el amor de Dios.

Este fue un momento transformador para Pedro, y a pesar de que no pudo captarlo en el momento, al final lo comprendió. Cuando escribió sus cartas, el único amor del que habla refiriéndose a Dios, es del profundo amor con que Jesús se dirigió a él. Por fin, encontró una fuente de amor tan profundo que nunca más necesitó temer.

Tú puedes experimentar ese amor.

Vayamos al Gólgota y miremos el plan más increíble jamás diseñado, revelado en toda su gloria.

> *Y ustedes no recibieron un espíritu que de nuevo los esclavice al miedo, sino el Espíritu que los adopta como hijos y les permite clamar: ¡Abba! ¡Padre!*
> —ROMANOS 8:15

Para tu viaje personal

¿El motivo de tus acciones a favor de Dios son realizadas para tener asegurado su amor por ti, o por tu miedo a que si no haces lo suficiente, Dios podría enfadarse contigo? Pídele que te muestre en qué manera tu miedo motiva tus decisiones cotidianas. Lee durante unos días 1 Juan 4:7-21 cada mañana y medita sobre las palabras de Juan. Pídele a Dios que te ayude a descubrir cuánto te ama, y que tus temores sean echados de tu vida.

Para trabajar en grupo

1. Si hoy Jesús les hiciera la misma pregunta que le hizo a Pedro (¿me amas?), ¿cómo le responderían?

2. ¿Qué cosas hacen para Dios motivados por el temor a Él o a su juicio?

3. ¿Qué cosas hacen motivados por su amor?

4. Comparen cómo se sienten cuando actúan motivados por el temor con las veces que lo hacen por el amor. Coménten al respecto.

5. Lean 1 Juan 4:7-21 e identifiquen las puntos específicos con los que Juan describe el amor de Dios.

6. Oren juntos para que Dios les muestre cada vez más la profundidad de su amor para cada uno de vosotros.

La prueba innegable

*Si Dios está de nuestra parte,
¿quién puede estar en contra nuestra?
El que no escatimó ni a su propio Hijo,
sino que lo entregó por todos nosotros,
¿cómo no habrá de darnos generosamente,
junto con él, todas las cosas?*
—Romanos 8:31-32

11

Al darle a los seres humanos la libertad de escoger, el Creador decidió limitar su propio poder. Se arriesgó con el osado experimento de darnos la libertad de tomar buenas o malas decisiones, de vivir vidas decentes o malvadas, porque Dios no quiere la obediencia forzada de esclavos. En vez de eso, Él desea que queramos amarlo voluntariamente, la obediencia de hijos que lo amen por sí mismos.

CATHERINE MARSHALL,
MÁS ALLÁ DE NOSOTROS MISMOS

Él te amó lo suficiente como para dejarte ir

"SE TRATABA DE OBEDIENCIA, simple y llanamente." Las palabras salían de una conversación animada, dos mesas más allá, en el restaurante donde estaba almorzando. "Eso era todo lo que Dios quería de Adán y Eva, y no pudieron dársela." El resto asentía. ¡Cómo quería interrumpir mi conversación y unirme a la suya! Antes solía pensar de esa manera. Todo lo que le importa a Dios es nuestra obediencia. ¿No es esto lo que se nos enseñó?

He descubierto que no es así. Ciertamente Dios desea que le seamos obedientes, y Adán y Eva nos hubieran salvado a todos de mucho dolor si hubiesen obedecido. Pero

Dios sabía que su desobediencia sólo era un síntoma de algo que le preocupaba más profundamente.

Dios nos creó para compartir una relación que Padre, Hijo y Espíritu Santo han tenido por toda la eternidad, teníamos que unirnos de la misma manera en que ellos lo hicieron. Su unidad nace del amor y la plena confianza del uno en el otro. Podemos verlo en el modo en que hablan de cada uno y en la manera en que actúan juntos. Entonces, tiene sentido que la invitación que Dios nos hace para compartir su relación con nosotros, esté basada en la misma confianza.

Podemos obedecer a Dios y, sin embargo, no confiar en Él. Al hacerlo desaprovechamos la oportunidad de relacionarnos con Él. Sin embargo, no podemos confiar en Dios y desobedecerle. Veremos que toda desobediencia viene de desconfiar de la naturaleza de Dios y de sus intenciones hacia nosotros.

Por eso la experiencia en el Edén no era para exigir obediencia, sino para desarrollar su confianza. Dios sabía que el primer paso podría alejarles de Él si desobedecían. Sabía que la lección sería dolorosa y tendría un alto precio (sobre todo para Él) pero eligió hacerlo de este modo porque deseaba personas que pudieran relacionarse con Él en amor, no en obediencia por temor. Hubiera sido mucho más fácil lograrlo por temor, pero sabía que el amor sólo florecería donde hay confianza; y esa confianza sólo surge donde el ser humano es libre para rechazarla.

A pesar de lo extrañas que pudieran parecemos las conductas del padre del hijo pródigo, son completamente comprensibles para Jesús. Ya había visto lo mismo mucho tiempo atrás en un huerto llamado Edén. Su Padre proveyó de todo lo que Adán y Eva hubieran podido desear, inclusive la libertad de vivir aparte de Él.

Al hacerlo, les dio el regalo más grande de todos, la posibilidad de tener una libre y amorosa relación con el Dios del universo. En ese momento, la elección de confiar más en su propia sabiduría, y lanzar a toda la creación a la agonía del pecado, les preocupó menos, que el cómo Dios usaría su error para atraerlos de nuevo hacia sí mismo.

MEJOR LO HAGO YO MISMO

Dios llenó el Edén con hermosos árboles frutales de toda variedad posible, pero en medio del huerto plantó dos árboles especiales. El Árbol de la Vida, haría inmortal a cualquiera que comiera de él. El Árbol del Conocimiento, abriría los ojos de Adán y Eva para ver el bien y el mal como Dios lo veía. Les dijo que eran libres de comer de todo árbol excepto del Árbol del Conocimiento. A pesar de que su fruto los iluminaría, también los mataría.

¿No hubiera sido mejor si Dios nunca hubiese creado esos árboles, o al menos los hubiera escondido en algún rincón lejos del planeta? Ciertamente su presencia proveyó a la humanidad la oportunidad de cometer el error más grande. Y con él, miles de años de sufrimiento en pecado, dolor, conflicto y enfermedad. Pero Dios no plantó ese árbol para provocar nuestro fin, sino para darnos la libertad que podría hacer verdaderamente significativa nuestra relación con Él.

Sabía que cualquier cosa que Adán y Eva decidieran, sería sólo el primer paso a un viaje para aprender a confiar en su asombroso amor. Lamentablemente, como el hijo pródigo, ellos sólo aprendieron a confiar en Dios haciéndolo primero en sí mismos, y cayendo en la cuenta de lo perdidos que estaban al hacerlo.

"Seréis como Dios", les prometió la serpiente mientras les incitaba a comer lo que Dios les había prohibido. ¡Qué tentación tan devastadora! Uno pudiera haber querido cosas peores que ser como Dios. ¿No quiso Dios, de hecho, hacerlos a su imagen? ¿No era su deseo invitarlos a una relación con Él haciéndolos como Él mismo? ¿No es el deseo de ser como Dios el ideal más grande de la vida cristiana?

Que tan noble motivo pueda ser usado para tanta maldad, debe convertirse en una advertencia para nosotros, Porque aquí el pecado queda claramente desenmascarado. Con frecuencia, lo vemos solamente como malas acciones y no nos damos cuenta de su naturaleza. En su raíz, el pecado es simplemente obtener por nosotros mismos algo que Dios no nos ha dado. Así, nuestras mejores intenciones pueden llegar a convertirnos en esclavos de nuestros deseos más nobles.

El pecado de Adán y Eva no fue *"qué"* querían, sino *"cómo"* intentaron obtenerlo. ¿Confiarían en que Dios les haría como Él, o intentarían conseguirlo por sí mismos?

¿Fue esto lo que entendió Jesús cuando rechazó la tentación de Satanás de convertir las piedras en pan, después de un prolongado ayuno? No había nada malo en el acto mismo. Nada en la antigua ley lo prohibía y no hubiera sido muy diferente cambiar el agua en vino, lo cual hizo unos días después. Jesús, sin embargo, confió en su Padre para que fuera Él quien le diera todo lo que necesitaba. Al satisfacer sus propias ambiciones, cualesquiera que fueran, lo hubiera llevado a caer de la misma manera que lo hicieron Adán y Eva.

Jesús sabía que los dones de Dios tienen siempre dos filos. Pueden ser usados para su gloria o se les puede dar un mal uso, para así alcanzar nuestras ambiciones. Jesús escogió lo primero; Adán y Eva lo último. El árbol que estaba delante de ellos en el huerto no era sólo un símbolo o una prueba de lealtad. Su fruto guardaba un verdadero poder espiritual. Los que comieran de él verían el bien y el mal de la misma manera en que Dios lo veía; y eso fue exactamente lo que les sucedió. Tan pronto como sus dientes se clavaron en el fruto sus ojos fueron abiertos para ver el bien y el mal; y la primera cosa que notaron fue cuán malos se habían hecho. Tal conocimiento los llenó de vergüenza y arruinó su relación con Dios y entre ellos mismos.

UNA MENTIRA ASTUTAMENTE COLOCADA

Todo lo que necesitó el enemigo para producir tal desastre en la inocente creación de Dios, fue usar una mentira bien colocada para crear una separación entre Eva y su Creador. Si alguna vez has sido víctima de una mentira tal, sabrás cuán devastadora puede ser.

"A Sara ya no le interesa esta congregación". En un intento por desacreditarme, estas palabras fueron dichas refiriéndose a mi esposa por uno de los líderes de la iglesia donde pastoreaba. Aquella frase estaba muy distante de ser verdad, dado que nosotros habíamos ayudado a fundar la iglesia unos 15 años atrás, amábamos a los miembros como amigos queridos, e incluso sacrificamos nuestras vidas por su bien.

Lo que la hizo que sonara creíble, fue la verdad en la que la mentira había sido envuelta. "Wayne ha estado fuera de la ciudad por dos domingos y su esposa tampoco vino al culto." Era cierto que no había ido, porque había estado ayudando mi madre a asumir la muerte de su madre, mientras yo estaba al otro lado del país. Le limpió la casa, le ayudó con el funeral y le fue de apoyo emocional en mi ausencia.

Nada es más peligroso que tomar algo que es claramente cierto para probar un punto que no lo es. Mezclar una pequeña mentira con una gran verdad es como poner unas gotas de cianuro en un vaso de refresco. Tú no podrás notar el veneno, hasta que te lo bebas, pero para entonces ya será demasiado tarde.

Eso fue todo lo que la serpiente necesitó para que Adán y Eva entraran en la que sería su pesadilla. "Ciertamente no morirás," fue la mentira suficiente como para desviar el pensamiento de Eva. *"¿No moriremos?"* debió pensar. *"¿Entonces por qué nos dijo que moriríamos?"* El enemigo tenía lista su respuesta. "Porque Dios sabe que en el momento que comas de ese árbol tus ojos serán abiertos, y seréis como Él, conociendo el bien y el mal."

Esta última frase era cierta, cada palabra. Dios sabía que serían como Él, con el conocimiento del bien y el mal, y así lo dijo poco más tarde. Pero cuán siniestras se vuelven estas palabras en el contexto de una mentira. Si realmente no fueran a sufrir daño al comer el fruto, entonces Dios solamente lo había prohibido porque no quería que fueran como Él. En otras palabras, Dios estaba excluyéndolos de algo bueno.

He ahí la clave. El Dios que los había creado no podía fiarse. Se sentía muy inseguro y amenazado como para permitir que alguien fuese como Él. Adán y Eva comenzaron a dudar de las intenciones de Dios, por lo que desconfiaron de Él. Su relación con Dios ahora estaba bajo sospecha; había cambiado de una relación que valoraban, a una en la que necesitaban esforzarse para obtener lo que temían que Dios no quería darles realmente. En otras palabras, comenzaron a actuar en contra de Dios, en vez de cooperar con Él.

Sin saber a quién creer, hicieron lo que pensaron que era lo mejor. Viendo lo delicioso que parecía el fruto y deseando ser sabios, comieron. En la raíz de todo pecado, hayamos la misma excusa: "Yo sé lo que es mejor. Puedo obtener lo que quiero por mí mismo y salir ileso. ¿Quién necesita a Dios después de todo?"

El enemigo ganó, al menos temporalmente. Violó la pureza de la nueva creación del Señor y dañó la relación del ser humano con el Creador. Todavía sufrimos los efectos de aquel terrible error miles de años después. Pero la última palabra no sería la de la serpiente.

ALGO MÁS GRANDE QUE LA OBEDIENCIA

Imagina si Eva hubiese conocido a Dios lo suficiente como para confiar en su amor por ella. ¿Cómo hubiera respondido a las acusaciones de la serpiente contra Dios?

Puedo ver su rostro con una mueca de asombro mientras intentaba contener la risa. "¿Estás hablando de Dios? ¿El que caminó con nosotros en el huerto anoche y quién nos ama tanto que nos ha dado todo para nuestro bien? ¿Estás diciendo que Él nos mentiría, porque realmente no quiere que seamos como Él? ¡Total y absolutamente imposible! Él no. ¡Pero si somos sus hijos!" Podría haberse dado la vuelta y marchado sin más. Esa es la clase de confianza que Dios quiere que todos nosotros conozcamos.

Si la obediencia hubiese sido el único motivo, ¿no crees que pudo haber hecho todo más sencillo? Les dijo que no comieran del árbol porque morirían. No les describió esa muerte con detalle. Pudo haberles dicho cómo su desobediencia destruiría su creación al traer el pecado, la enfermedad y la ruptura de las relaciones a su mundo. Les causaría un terrible dolor, y no solamente a ellos sino a toda la raza humana durante miles de años. Pudo haberles dicho que todo lo que necesitaban hacer era comer primero del Árbol de la Vida, así serían eternamente inocentes en su presencia.

Pero, no se lo dijo. Si lo hubiera hecho, habrían sido obedientes, pero no porque confiaran en Él. Habrían obedecido sólo porque les convenía por su propio interés. Dios pudo meramente convertirse en un instrumento para su propia satisfacción. El 'yo' aún hubiera estado en el centro de su decisión, y el 'yo' les distraería de descubrir la plenitud de la vida en Él. No, Dios no se lo dijo porque quería algo mucho mejor.

Tampoco interrumpió a la serpiente para establecer la verdad en sus mentes de nuevo. Después de todo, ¿Él estaba allí, no es así? ¿O te lo imaginas ocupado en el cielo, ajeno a la situación en el momento más crítico? Sabemos ahora lo que Adán y Eva quizás no supieron entonces. Sólo reconocieron a Dios cuando se manifestaba de alguna forma física y caminaba con ellos en el huerto. No sabían que Dios estaba presente en todos los lugares de su creación.

Así que, ¿por qué no intervino? ¿Pudo ser por la misma razón por la que Jesús no mandó a Pedro a su casa y dejó que lo siguiera hasta el patio de Caifás y allí lo traicionara? Dios ve algo redentor incluso al permitirnos fallar. Parece menos preocupado por nuestros errores que por cómo respondemos a ellos. ¿Nos llevan nuestros propios errores a desconfiar de nuestras fuerzas y sabiduría, o a poner nuestra confianza en Él?

Si es así, Dios encuentra que nuestros errores valen el dolor que nos causan.

LA ÚLTIMA PALABRA

Estoy seguro de que el padre del hijo pródigo se pudo sentar en el porche después de que su hijo regresara a casa, pensando que todo el dinero gastado en pecado fue bien empleado, si al final, éste traería a su hijo de nuevo a su lado y a la relación que siempre había querido mantener con él. A pesar de lo doloroso que pudo ser, esta experiencia ayudó al hijo a saber exactamente qué clase de padre tenía.

Dios pudo haber ayudado a Adán y a Eva a tomar la decisión correcta. Pero quería algo más, despertar la verdad que les permitiera participar en la comunión divina. ¡Qué plan tan increíble! Dios proveyó una elección que fue por su propio bien (el llegar a ser como Dios mismo), pero que si era tomada buscando solamente su propio deseo egoísta, los llevaría a tomar la elección equivocada. Únicamente aprendiendo a confiar en Él, podrían llegar a vivir lo que ellos más anhelaban en sus corazones.

Pero el Edén no fue la prueba final, sólo fue la primera de muchas lecciones. Un proverbio popular dice que si amas algo, déjalo libre. Si vuelve a ti, es tuyo. Si no vuelve, nunca lo fue. Sólo aquellos que han amado algo lo suficiente como para dejarlo ir, pueden entender una pizca de lo que Dios hizo en el huerto.

Dios nos amó hasta lo sumo, y a pesar de ello, muchos a lo largo de la historia no han regresado, otros muchos sí. De alguna manera el dolor de los que no lo hicieron no puede superar la alegría de aquellos que sí lo han hecho. Por lo tanto, la tragedia en el Edén se convierte en la primera piedra de un bien mayor que Dios desea. En medio del pecado y del egoísmo, Él pudo utilizar nuestra propia caída y sus consecuencias como la incubadora en la que brotaría nuestra confianza en su amor.

Ese día comenzó un proceso que culminó en otro árbol —una cruz sobre la colina del Gólgota. La misericordia triunfó sobre el pecado; y la confianza que había sido tan difícil de alcanzar en el jardín de Adán y Eva, se convertiría en realidad para aquellos que pertenecieran a Dios.

> *Si por la transgresión de uno solo reinó la muerte,*
> *mucho más reinarán en vida por uno solo, Jesucristo,*
> *los que reciben la abundancia de la gracia y del don*
> *de la justicia.*
>
> —ROMANOS 5:17

<><><><><><><><><><>

Para tu viaje personal

Pídele a Dios que te revele dónde puede haber una grieta de desconfianza entre tú y Él. ¿Dónde te encuentras dudando de su amor por ti o de sus intenciones hacia ti? ¿Dónde el confiar en tus propias habilidades y sabiduría te han alejado de Él más que acercarte? Pídele que te muestre cómo abrazar una relación con Él a su manera y no a la tuya.

Para trabajar en grupo

1. Traten de explicar lo siguiente: uno puede obedecer sin confiar; pero uno no puede confiar y luego no obedecer. Dialoguen sobre el tema.

2. Piensen en algún momento en los que sus esfuerzos por hacer el bien no sólo fracasaron sino que además hicieron que la situación empeorase.

3. ¿Qué clase de cosas susurra el enemigo a sus oídos para tratar de destruir su confianza en Dios y separarlos a cada uno de ustedes de Él?

4. ¿Qué pensáis que Dios puede hacer para ayudaros a confiar más en Él?

*¡La iglesia! ¿Por qué iba
a ir allí? Si ya me siento
mal conmigo misma.
¡Sólo me harían sentir peor!*

12

De una prostituta
de Chicago, citada
por Phillip Yancey en
*Gracia Divina
vs. Condena Humana*

¿Quién necesitaba el sacrificio?

"DE TAL MANERA AMÓ DIOS al mundo, que ha dado a su Hijo unigénito, para que todo aquel que en él cree no se pierda, sino que tenga vida eterna." (Juan 3:16).

¿Seré el único que no pensó que este versículo era una buena noticia la primera vez que la escuchó? Sí, sé que habla del increíble regalo que Dios nos hizo para que no perezcamos por nuestros pecados. Para nosotros sin duda es algo grande. ¿Pero qué nos dice acerca de Dios?

Cuando la oí en la Escuela Dominical siendo un niño, mi primera respuesta fue, "si nos ama tanto, ¿por qué no se entregó Él mismo?" Debo admitir que estaba influenciado por los trabajos que había hecho en casa: a mi padre le encantaba tener el campo bien cuidado así que me envió a quitarle la maleza. Mi padre amaba tanto su viña, que me llevó a trabajar en ella. Le gustaba tanto un refresco bien frío, que me mandaba a la nevera para que le llevara uno.

Así que, ¿por qué no se apareció Dios mismo en forma humana y se sometió a la muerte más dolorosa y humillante posible? No, él envió a su hijo en su lugar; o al menos, eso pensaba yo. Mi confusión no terminaba allí. A pesar de que yo estaba agradecido por la salvación que proveyó, tenía algunas preocupaciones acerca de Dios por la forma en que lo hizo.

¿Qué clase de Padre satisface su necesidad de justicia mediante la muerte de su propio hijo? ¿No podía sencillamente perdonarnos sin tomar una víctima inocente? Si alguien me hiciera daño y la única manera en que pudiese ver satisfecha mi ira fuera castigar a otro como medio de perdón, ¿qué diría eso sobre mí?

Si la cruz le ayudó a Dios para satisfacer su necesidad, por medio de un sacrificio humano, especialmente el de su propio Hijo, esto nos deja con muchas preguntas perturbadoras. Si lo planteamos a otros, la mayoría lo resolverá respondiendo que la demanda de justicia de Dios está más allá de nuestra comprensión. Pero estoy convencido de que las discrepancias acerca de Dios, que nacen del papel apaciguador de la cruz, provoca que muchos rechacen la relación que Dios busca con nosotros.

En vez de ocuparnos de preguntas incontestables, invitémonos a reconsiderar nuestra visión distorsionada de la cruz. Desde la caída de Adán nos hemos imaginado a Dios, no como un Padre amoroso que nos invita a confiar en Él, sino como un Rey severo al que se debe aplacar. Con esa perspectiva nos desviamos del propósito que Dios tenía con la cruz. Pues su plan no era satisfacer ninguna necesidad propia a costa de su Hijo, sino más bien satisfacer nuestra necesidad a costa de Él mismo.

EL ENCUBRIMIENTO

Vivir tratando de apaciguar a alguien es un juego aterrador, especialmente cuando con quien lo juegas es con el Omnisciente y Todopoderoso Dios. A pesar de que yo no crea ni por un momento que Dios juegue a ello, a muchos de nosotros se nos ha enseñado que es cierto que Él juega así. Por lo tanto, fluctuamos entre tratar de hacer lo suficiente para complacerlo y tratar de ocultarnos de Él, cuando sabemos que en realidad no podemos.

En el momento en que Adán y Eva comieron del fruto, sus ojos fueron abiertos para ver el bien y el mal. La primera maldad que vieron fue dentro de ellos mismos. A pesar de que habían estado desnudos desde que fueron creados, ahora eran conscientes de su desnudez y buscaron cubrirse por la vergüenza que les produjo.

Es evidente que lo primero que vieron suficientemente grande como para taparse, fueron unas hojas de parra. Juntaron unas cuantas, las ataron y se vistieron. Me dan escalofríos de sólo pensarlo. Yo he estado entre cultivos de vid y sé lo que pican y lo ásperas que son sus hojas. Como elemento de ropa interior realmente fue una mala decisión, como la mayoría de las ocasiones en las que intentamos cubrir lo que las hojas no pueden.

Pero el verdadero precio de su vergüenza se vio poco tiempo después cuando Dios vuelve al huerto a verles. En vez de sentirse seguros con Él, se sienten impulsados a esconderse de Él. Sin embargo Dios, ni se esconde, ni se enfada por su desobediencia. En vez de eso, sólo va al huerto para visitarles. Ellos fueron los que se cubrieron por vergüenza, esperando que los arbustos pudieran tapar lo que las hojas no pudieron.

Al acercarse Dios, le explicaron el porqué de su vergüenza y su error. Al hacerlo, seguían cubiertos. Adán culpó a Eva; "la mujer, me dio del fruto del árbol, y yo comí." No es de extrañarse que se sintieran inseguros en su desnudez. Adán desvió la atención hacia Eva para justificarse, usando la culpa con el mismo propósito con que había usado las hojas.

La culpa de Adán no se quedó en Eva. No fue sólo la mujer que me confundió, sino "la mujer que me diste". Adán incluso intentó traspasar algo de la responsabilidad a Dios mismo. Cuando Dios puso su atención en Eva, ella culpó a la serpiente.

La creación se había manchado, y Dios repartió las consecuencias del fracaso. Espiritualmente muertos por la ruptura relacional que resultó, seguiría su muerte física. Dios los echó de su jardín, porque no quería que comieran más del Árbol de la Vida y vivieran para siempre en esa condición pecaminosa. Al preservar la eternidad en santidad, Dios preparó un cielo seguro para su eventual rescate. "El alma que pecare morirá", es una proclamación de misericordia, no de ira. Significa que ese pecado debe tener un final; y nosotros tenemos la oportunidad de recuperar lo que hemos perdido.

TÉRMINOS DE APACIGUAMIENTO

La caída de Adán y Eva tuvo consecuencias profundas en la creación y en su relación con su Creador. Él no sería más el amigo que caminaba con ellos en el huerto, porque su propia vergüenza les haría cubrirse cada vez que se acercara.

Conocer el bien y el mal no les produjo la dicha que pensaron que les daría. Debido a este conocimiento y sin su confianza en Dios, no tuvieron poder para resistir el mal y escoger el bien. Ellos, como las últimas generaciones, se volvieron presos de malvadas pasiones, con sus consecuencias destructivas y un sentido abrumador de vergüenza.

Cuando Dios se da a conocer a sí mismo, hasta la persona más recta cae sobre su rostro, abrumado por su propia indignidad. La amistad que deseó con su creación fue desechada. En vez de buscar su amistad, el hombre sólo pensó en apaciguarlo —haciendo suficientes cosas buenas para convencerse a sí mismos de que estaban o intentaban contar con su aprobación. El Creador se convirtió para nosotros en alguien al que evitaríamos, en vez de alguien al que quisiésemos abrazar.

La vergüenza está tan profundamente arraigada en nuestra naturaleza, que el sistema de apaciguamiento emerge en cada religión falsa que la humanidad inventa. Desde los primeros intentos tribales de aplacar a "los dioses de la tierra" o al "dios de la lluvia", para los sistemas religiosos más sofisticados con idolatría y tradición, el objetivo ha sido siempre el mismo. ¿Qué podemos hacer para aplacar la ira de los dioses y obtener su favor?

Me ama, no me ama.

Los buenos tiempos llevaron a la complacencia y los malos tiempos a más rituales de oraciones de arrepentimiento, ofrendas sacrificiales y buenas obras. Comenzaron con ofrendas de pequeñas cantidades de fruta o grano, pero aumentaron en tiempos de dificultad realizándose sacrificios mayores. Pronto fueron sacrificados animales y, en alguna ocasión en muchas culturas alrededor del mundo, el sacrificio de seres humanos se convirtió en la mayor expresión de compromiso con su dios.

Pero el verdadero Dios no quería ser conocido así.

ME OFRECERÉ YO MISMO

Si vas hoy a Tel Meggido (Israel), desde un mirador puedes ver un altar utilizado para sacrificar a los primogénitos a los dioses de los cananeos. El guía te dirá que ese mismo altar se usaba cuando Abraham llegó a la tierra prometida. Pensaban que podían aplacar a sus dioses con tales sacrificios.

De manera que no fue tan increíble para Abraham cuando el Dios que había tocado su vida, le pidió que sacrificara a su único hijo. Todos los demás dioses en Canaán lo hacían, ¿por qué no éste? Pero este Dios no era un dios falso como los demás, interesados en el sacrificio humano. Era el verdadero Dios, el Dios viviente. Estaba por revelarse a sí mismo a Abraham y quería que supiera que Él no tenía nada en común con Moloc, Baal o Asera.

Tal como Dios le había pedido, Abraham tomó a su hijo —un tesoro nacido en su vejez— y se lo llevó al monte Moriah. Cuando se acercaban a la montaña, Isaac advirtió que no tenían sacrificio. "He aquí el fuego y la madera, pero ¿dónde está el cordero para la ofrenda?"

Parece que la respuesta de Abraham fue más una manera de calmar la curiosidad de su hijo que una reflexión brillante acerca de la naturaleza de Dios. Sin embargo, pronunció proféticamente la lección que Dios quería mostrarle. "Dios se proveerá a sí mismo como el cordero para la ofrenda, hijo mío."

Sólo después, tras atar a su hijo al altar y levantar el cuchillo para clavárselo, vio lo proféticas que habían sido sus palabras, el ángel del Señor le dijo: "¡Abraham, Abraham! No extiendas tu mano sobre el muchacho ni le hagas nada, pues ya sé que temes a Dios, por cuanto no me rehusaste a tu hijo, tu único hijo" (Génesis 22:12).

Abraham se había enfrentado a la última prueba de Dios. Cuando estaba dispuesto a sacrificar a Isaac, descubrió que Dios realmente no quería, ni necesitaba el sacrificio. Dios le mostró a Abraham un cordero enredado entre los arbustos y ofreció éste en lugar de Isaac. Abraham llamó a ese lugar "El Señor Proveerá", sin saber que estas palabras eran más ciertas de lo que jamás pudo haber imaginado en ese momento.

A partir de ahí, Dios trazó una línea que lo diferenció de todos los ídolos creados por el hombre. Los falsos dioses exigían sacrificios para aplacar su ira. Este Dios proveyó el sacrificio que necesitábamos para cubrir nuestra vergüenza y permitirnos conocerle como realmente es.

En el monte Moriah, Dios le mostró a Abraham lo que cumpliría de manera literal tres mil años más tarde, sobre otra colina no lejos de allí, llamada Gólgota. No se trataría del aplacamiento de un Dios iracundo mediante un sacrificio de algo que pudiéramos darle, sino como el acto de un Dios amoroso que se sacrificó a sí mismo por aquellos que permanecían cautivos por el pecado.

Muy lejos de ser un Soberano sediento de sangre demandando sacrificios para satisfacer su necesidad de venganza, el Dios viviente se dio a sí mismo para que sus hijos e hijas desterrados pudieran regresar. Él no necesitaba un sacrificio para amarnos, Él ya nos amaba.

Necesitábamos el sacrificio para borrar nuestra vergüenza, para que pudiéramos volver a ser libres para amarlo. En la cruz, Dios proveyó la prueba innegable de cuánto nos ama. Entendiendo que abre la puerta para hacer lo que Adán y Eva no pudieron ese triste día en el Edén, confiar nuestras vidas a Dios.

> *Por consiguiente, no hay ahora condenación para los que están en Cristo Jesús, los que no andan conforme a la carne sino conforme al Espíritu.*
> *Porque la ley del Espíritu de vida en Cristo Jesús te ha libertado de la ley del pecado y de la muerte.*
> —ROMANOS 8:1-2

Para tu viaje personal

¿Puedes reconocer los efectos de la vergüenza en tu propia vida? ¿Cuánto te esfuerzas en aparentar ser mejor de lo que eres ante los demás, ante ti mismo o ante Dios? En tu relación con el Señor ¿piensas más en lo que tienes que hacer para Él o en lo que Él ha hecho por ti? Pídele que te muestre los pensamientos en los que tratas de apaciguarle, los cuales distorsionan tu relación con Él y que te libere de pensar de esta forma para que puedas participar en lo que quiere hacer en ti.

Para trabajar en grupo

1. Reflexionen juntos sobre la afirmación de que es el Dios Verdadero quien quiere sacrificarse por nosotros en vez de demandar nuestro sacrificio por Él.

2. ¿En qué áreas aún intentan apaciguar a Dios por medio de sacrificios o culpando a otros para aliviar su culpa?

3. ¿Cómo cambia esto su visión del cristianismo?

4. Den gracias a Dios por proveer todo lo que necesitan para poder disfrutar de una relación de confianza con Él.

Había malentendido
completamente la fe
cristiana. Me di cuenta
de que en mi quebranto,
en mi impotencia,
en mi debilidad es donde Jesús
se hace fuerte. Fue en
la aceptación de mi falta
de fe donde Dios pudo darme fe.

13

Mike Yaconelli,
citado en *Hijo de Abba*

La gallina y sus pollitos

CUANDO ESCUCHÉ POR PRIMERA VEZ LA HISTORIA, me dijeron que era de un documento emitido por la National Geographic. Siempre había pensado que probablemente este suceso fuese una leyenda urbana. Sea así o no, este suceso ocurrió entre pájaros silvestres. Algo muy parecido sucedió una noche a las afueras de Jerusalén.

Según cuentan, un grupo de bomberos forestales estaba asegurándose de que los focos activos de un incendio fuesen extinguidos, cuando, caminando a través del ennegrecido paisaje, entre el humo que aún continuaba elevándose desde la vegetación, un bulto grande captó la atención de un bombero.

Mientras se acercaba, advirtió que se trataba de los restos quemados de un gran pájaro. Dado que los pájaros pueden volar fácilmente lejos de las llamas, el bombero se preguntó qué le habría pasado al pájaro para no poder escapar. ¿Estaría enfermo o herido?

Al llegar al cadáver, decidió apartarlo con su bota. Al hacerlo, se sorprendió pues observó movimientos alrededor de su pie. Cuatro pichones aleteaban entre el polvo y las cenizas, escurriéndose colina abajo.

El cuerpo de la madre los había protegido de las llamas. Aunque el calor fuera tan intenso como para consumirla, su gesto permitió a sus bebés permanecer seguros debajo de ella. Ante las llamas que subían, decidió permanecer con sus pequeños. Fue la única esperanza para mantenerlos seguros, y, escogiendo arriesgar su propia vida, los reunió y los cubrió con su propio cuerpo. Cuando las llamas comenzaron a quemar sus plumas, pudo fácilmente haber volado para comenzar otra familia en otro momento. ¿Cómo se obligó a permanecer entre las llamas?

Su cuerpo muerto y sus crías volando ilustran perfectamente la historia —se ofreció en sacrificio para salvar a sus jóvenes polluelos. Este relato parece haber sido duplicado, ilustrando una historia real aún mayor. La del Creador del cielo y la tierra, que hizo exactamente lo mismo para rescatar a sus hijos de su propia destrucción.

LA PEOR MALDICIÓN

Jesús se encontró rodeado por la audiencia más hostil. Ningún grupo le dio más problemas que los ancianos y fariseos de Jerusalén. Su única prioridad parecía ser proteger sus posiciones en la sociedad e intentar lidiar con este Maestro hacedor de milagros, con una mezcla de desdén por un lado y apoyo fingido por otro, cuando se sintieron atemorizados por el pueblo. Fueron hipócritas hasta la médula, siempre encubriendo sus verdaderos motivos y acciones, actuando en una santidad que no poseían.

En sus últimas palabras dedicadas a la ciudad de Jerusalén, sólo unos pocos días antes de morir, Jesús dio a conocer a los escribas y fariseos tal y como eran realmente —hipócritas que cambiaron la obra del Dios de amor por una religión que manipulaban para su propio provecho, con el fin de mantenerse por encima del resto del pueblo. Ocho veces pronunció la maldición sobre ellos, y cinco veces los llamó "ciegos".

Los puso en evidencia por mantener al pueblo apartado de la realidad del Reino, por amar sus títulos de respeto y las primeras sillas en las sinagogas, por hacer conversos sólo para añadirles más ataduras, por invertir las prioridades, por fingir ser justos cuando por dentro estaban llenos de maldad, por alabar a los profetas del pasado y rechazar a los de su propio tiempo.

El último cargo era muy serio. Los llamó "generación de víboras", "¿cómo escaparéis de la condenación del infierno?". En los días posteriores Dios enviaría nuevamente su mensajero, pero los torturarían y matarían. Jesús les advirtió que debido a su manera de actuar, se habían hecho responsables de "toda la sangre justa que se había derramado en la tierra."

¡Qué maldición! Jesús les demandaría la sangre de todos los justos que se había derramado desde la fundación del mundo, desde la sangre que Caín derramó de su hermano Abel, hasta la sangre de Zacarías. Pudo ver las consecuencias cayendo sobre ellos como una tormenta de ira de fuego, consumiéndolos en su pecado.

¿No parecen estas palabras completamente diferentes al carácter de Jesús? su mensaje de amor y perdón había cautivado la tierra, llevando a sus pies a muchas personas de las más pecadoras de aquel tiempo. Sin embargo, Él condenó a los líderes religiosos en los términos más crueles. ¿Los había desechado?

Es lo que parece a primera vista, pero miremos más de cerca. Más que deleitarse en su castigo venidero, ofreció su vida para rescatarles. En palabras tan poéticas como incisivas, les hizo una increíble oferta.

BAJO SUS ALAS

"¡Jerusalén, Jerusalén, la que mata a los profetas y apedrea a los que son enviados a ella! ¡Cuántas veces quise juntar a tus hijos, como la gallina junta sus pollitos debajo de sus alas, y no quisiste!"
—MATEO 23:37

Habían rechazado a Dios y a los mensajeros que envió. Se habían ganado la peor de las sentencias por sus acciones y con todo eso, Jesús quería atraerlos y soportar la destrucción por ellos. Su ciudad sería conquistada y sus hijos devastados por vivir egoístamente, en vez de confiar en el Dios vivo.

Jesús evoca a la imagen de la madre pájaro protegiendo a sus crías con su propio cuerpo. Él se retrató a sí mismo como una gallina tratando de reunir a sus pollitos hacia ella, lo cual sucede sólo cuando un peligro es inminente sobre ellos. Una gallina no mima sus pollitos ni los reúne para llevarlos a dormir. Pero cuando un depredador está cerca o se desata un incendio, intentará cubrirlos bajo sus alas. Los pondrá a salvo con ella, poniendo su propio cuerpo entre el peligro y los polluelos, arriesgando su vida a cambio de su seguridad.

Jesús pudo ver la tormenta de fuego que el pecado del hombre había producido en Jerusalén. Ese incendio terminaría destruyéndolos, A pesar de que, muchos en la multitud gritarían durante su crucifixión. Pero sólo unos días después, todavía quería salvarlos. Al igual que la gallina, les ofreció un lugar seguro bajo sus alas, estaba dispuesto a soportar el fuego, hasta llegar a morir, para rescatar a cualquiera que quisiera venir.

Le habría sido fácil abandonarlos a su destino, que de hecho se lo merecían, pero permaneció allí y se quedó viendo el fuego aproximarse en toda su furia. ¿Cómo pudo ser para un ave quedarse sobre sus bebés mientras el fuego se acercaba cada vez más, y entonces comenzar a quemarse su cuello y espalda? ¿Cómo habrá sido para Dios mismo soportar la furia merecida por nuestros pecados y permanecer allí hasta el final para que aquellos bajo sus alas pudieran salvarse?

"Pero no quisiste." El final de la historia fue trágico para aquellos en Jerusalén ese día. No queriendo ir a Él, tendrían que soportar el fuego hasta su trágico fin. Dudo que alguna otra palabra haya quebrado el corazón del Padre más que ésta. Después de todo lo que había hecho para sacarlos del desastre del pecado, permanecieron sin querer salir.

No todos los pollos corren hacia sus madres en momentos de peligro. Algunos, ya sea por estar paralizados de miedo o por buscar una manera de salvarse ellos mismos, mueren. Ella no puede correr por todos lados tratando de reunirlos uno por uno. Ellos tienen que ir a su madre. Eso fue todo lo que los jóvenes polluelos tuvieron que hacer durante el incendio en el bosque, ponerse a salvo. No tuvieron que ganarse su seguridad; sólo correr bajo las alas de su madre y dejar que ella los cubriera.

Aquellos que fueron rescatados, aquellos que no fueron devorados por el fuego; no importó si pensaban que tenían una idea mejor. No importó si pensaban que podrían correr más rápido que el fuego. Lo que importó fue su disposición a la hora de confiar en la llamada de su madre.

Ese día en Jerusalén, la mayoría no aceptaría el llamado de Jesús y se enfrentaría con sus propios medios con el terrible juicio por venir. Pero la historia no tiene que terminar igual para ti. Porque la ira de Dios todavía está por llegar a aquellos que viven en pecado. Puedes renunciar a todas las formas con las que intentas salvarte por ti mismo e ir corriendo a Él. Te acercará a sí mismo, te pondrá bajo sus alas y soportará por ti lo que tú jamás podrías soportar.

UNA PACIENCIA ILIMITADA

Vamos a ver el paralelismo que hay entre las decisiones que tomamos en Cristo y la que tomaron Adán y Eva en el Edén. Si hubiesen confiado en el amor que el Creador les daba, no habrían recurrido a sus propios medios para ser como Dios. Una vez que habían dudado de su amor, ya sólo quedaba actuar en su propia sabiduría.

Los ancianos en Jerusalén tomaron una decisión similar. ¿Confiarían en sus propias reglas religiosas para salvarse a sí mismos, o confiarían en la obra de Dios en Jesús? Recuerda que no eran hombres indulgentes consigo mismos, que satisfacían sus pasiones con actos pecaminosos. No, su engaño era como el de Adán y Eva. Estos hombres trataban de ser como a Dios le gustaría que fuesen, o al menos eso pensaban. Guardaban celosamente rituales y tradiciones pensando que les ayudaría a ser como Jehová. Desechaban los placeres del mundo en un esfuerzo por ganar su aprobación. Pero ser buenos no era suficiente.

Estaban comprometidos en un intento por salvarse ellos mismos, y terminarían en el mismo desastre en el que terminaron Adán y Eva. No importa cuán justos parecieran por fuera, eso no los acercaría a Dios. Aún estaban confiando en sí mismos, en vez de confiar en él. Desafortunadamente, el hombre que ha convertido el cristianismo en religión, está atrapado en la misma mentira.

Jesús destapó claramente sus engaños cuando le pidió a uno de los suyos que se acercase a él. Pablo, anteriormente llamado Saulo, había crecido educado para ser fariseo. Todo en su vida era conforme a su código, de modo que luego pudo decir que no había nadie con igual fervor por Dios, y en cuanto al cumplimiento de la ley, era intachable. Con credenciales tan impresionantes, podrías pensar que estaba bien capacitado para la obra de Dios.

¡Basura! Así es como Pablo definió aquella manera de pensar. Esta era la jactancia en la carne, dijo, y la carne no lo había salvado. Solamente había escondido su pecado en un lugar menos accesible. A pesar de que parecía ser uno de los más justos de su tiempo, en realidad estaba lleno de pecado. Se llamó a sí mismo el peor de los pecadores porque su exterior religioso sólo era una fachada para el pecado que lo consumía por dentro. Se llamó a sí mismo "blasfemo, perseguidor y hombre violento."

No veamos esta valoración simplemente como la humildad de un hombre tocado por la gracia. Pablo trató de convencer a todos los que lo escuchaban, de que la santurronería no era lo mismo que la rectitud. Impulsado por su afán de formar parte de la élite espiritual de su tiempo, se encontró más hundido en el pecado. Cuando Jesús lo encontró, estaba asesinando al pueblo de Dios, creyendo que estaba haciendo su obra. Podemos decir que fue el Ossama bin Laden de nuestros tiempos.

¿Por qué Jesús salvó a Pablo? En palabras de Pablo, "precisamente por eso Dios fue misericordioso conmigo, a fin de que en mí, el peor de los pecadores, pudiera Cristo Jesús mostrar su infinita bondad. Así vengo a ser ejemplo para los que, creyendo en él, recibirán la vida" (1 Timoteo 1:16).

Me he sentado con personas convencidas de que eran demasiado malas para que Dios las quisiera. Con frecuencia refiriéndome a este pasaje, les pregunto si ellos han hecho algo peor que Pablo y nadie me ha contestado que sí. Dios salvó a Pablo, para que la persona más rota, devastada y pecadora pudiera sentirse libre de ir bajo sus alas. Todo lo que tiene que hacer este tipo de personas es ir.

UN VERDADERO VESTIDO

Cuando Dios sacó a Adán y a Eva del huerto, aún miró con misericordia las pobres vestiduras que se habían hecho. Los despojó de las hojas de higuera y les hizo ropas de pieles animales. No fue sólo un acto de misericordia, sino también una demostración profética. La sangre derramada para cubrirlos ese día, era evidencia de un día futuro cuando la muerte de Jesús proveería el manto que realmente necesitábamos para cubrirnos.

La vergüenza clama por ser cubierta. Ya hemos visto como se muestra cuando culpamos a los demás, inclusive a Dios, por nuestras propias decisiones y debilidades. Ahora podemos ver cómo la religión puede usar la vergüenza para sus propios fines. En lugar de ser conocidos por quienes somos, nos protegemos pretendiendo ser lo que no somos.

Esta es la razón por la que las relaciones en ambientes religiosos se vuelven tan dolorosas, cuando la gente tiene que difamar a otros para aparentar que son mejores que los demás.

Nos presionamos para llegar más alto que nuestro prójimo, y así sentirnos superiores. Culpamos a otros para no tener que enfrentar nuestras propias debilidades. Chismorreamos acerca de los errores de los demás para poder sentirnos mejor con nosotros mismos. Incluso asistimos a instituciones religiosas para que nos afirmen y de este modo poder ignorar las dudas que nos asaltan.

Parece que todos estamos persiguiendo incansablemente esconder nuestros defectos y buscar nuestra seguridad. Al hacerlo somos como pollitos corriendo en una granja que se quema, lanzando hojas sobre nuestras cabezas esperando que sea suficiente para protegernos del fuego.

Pero no lo será. Existe sólo una cobertura que nos salvará de nosotros mismos; y es Jesús. Él ya ha soportado la tormenta de fuego por nosotros, para que aquellos que se escondan bajo sus alas puedan estar seguros. Él es la única protección que nos saca de nuestra vergüenza y nos libera de la atadura del pecado.

Cobíjate en él. Aprende a vivir bajo sus alas hoy, cada día y por el resto de tu vida. ¿Qué cómo hacerlo? Yendo a descansar en la seguridad de su amor, permitiendo que sea Él quien controle tu vida en todas las circunstancias.

Por supuesto es más fácil decirlo que hacerlo. Cuando las dificultades nos presionan, dudamos de la intención de Dios para con nosotros. ¿Podría ser esta la voz de la serpiente susurrando en nuestros oídos? "Si Dios no te va a dar aquello que necesitas, quizás debas ir a buscarlo por ti mismo". O quizá use las palabras de Benjamín Franklin "Dios ayuda a aquellos que se ayudan a sí mismos".

Confiar en nuestra propia sabiduría es tan fácil, que nos encontraremos haciéndolo antes de que nos demos cuenta. Existe sólo un lugar donde podemos poner en práctica la confianza que perdimos en Dios en el Edén —en la cruz de Jesucristo. Su disposición de cambiar su vida por la nuestra permanece como evidencia inequívoca de su amor por nosotros.

Cuando entiendas lo que realmente sucedió, comprenderás cuán amado eres. Cuando sepas lo mucho que te ama encontrarás que confiar en Él será tan fácil como respirar.

Pero lejos esté de mí gloriarme, sino en la cruz de nuestro Señor Jesucristo, por quien el mundo ha sido crucificado para mí y yo para el mundo.
—GÁLATAS 6:14

Para tu viaje personal

¿En qué ocasiones has intentado salvarte a ti mismo usando tu propio ingenio para sobrevivir, en lugar de confiar en Jesús para que te dirija según su voluntad? ¿No es asombrosa su ilimitada paciencia? Y esto después de nuestros peores actos, Él permanece dispuesto a cubrirnos con sus alas y llevarnos seguros. Pídele que te muestre qué significa para ti y que te enseñe cómo vivir cada día y cada circunstancia confiando en su gran amor.

Para trabajar en grupo

1. ¿Qué pueden aprender de la historia de la gallina y sus pollitos?

2. ¿Han usado alguna vez la religión para ocultar su vergüenza? ¿De qué manera?

3. ¿Qué es más fácil para cada uno de ustedes: correr bajo sus alas o tratar de arreglar las cosas por ustedes mismos? ¿Por qué piensan que esto es así?

4. Pongan ejemplos de la ilimitada paciencia de Dios y denle gracias por su asombrosa fidelidad incluso con lo peor de nosotros.

*"¿Qué cosa cambió a esos hombres
normales (tan cobardes que ni se
atrevieron a estar cerca de la cruz
para que no los implicaran) en héroes,
a quienes no detendría nada ni nadie?
¿Un truco? ¿Una alucinación?
¿Una aparición fantasmal sin sentido
en una habitación a oscuras?
¿O Uno que tranquilamente hizo
exactamente lo que dijo que haría
—caminar a través de la muerte?"*

J.B. Phillips. *¿Está Dios En Casa?*

Lo que realmente sucedió en la cruz

LOS EVENTOS DE LA HISTORIA han sido bien documentados. Los escritores de los evangelios narran el interrogatorio de Jesús ante los líderes religiosos de Jerusalén, su juicio ante Pilatos, su tortura por soldados romanos, y su muerte en una cruz. La humillación, tortura física y muerte por crucifixión había sido objeto de muchos sermones y libros. Conocemos bien la agonía que soportó siendo clavado en una cruz con una corona de espinas presionando su cuero cabelludo, también sabemos cómo esa agonía se intensificó durante más de tres horas en las que fue expuesto públicamente, menospreciado por sus detractores.

El significado de ese momento, sin embargo, no es tan fácil de comprender. Ver la cruz desde el punto de vista del apaciguamiento, que la mayoría de nosotros hemos aprendido, es algo así: como Jesús vivió una vida sin pecado no merecía morir. Sin embargo, se sometió a la voluntad del Padre, y como sacrificio, aceptó la culpa de nuestros pecados. Dios le castigó para satisfacer la justicia que merecía el pecado. Llevó nuestro castigo y conmutó la culpa de nuestros pecados para que pudiésemos estar justificados delante del Santo Dios.

A pesar de que este argumento satisface nuestro sentido inherente de vergüenza por nuestros pecados y fallos, ello sólo muestra una parte de la historia. Si no vamos más allá, el punto de vista de la cruz basado en el apaciguamiento, describe al Padre y al Hijo como si jugaran una versión divina del juego del policía bueno, policía malo. Para evitar que el severo juez del universo deje caer el peso de su ira sobre nosotros, Jesús aparece en escena y se coloca en medio. La ira de Dios lo destruye a Él y de esta manera se apacigua su ira.

Pero eso sólo es una versión terrenal del increíble evento. Las Escrituras ofrecen una perspectiva más completa. Allí podemos ver qué ocurrió *en Dios* —el trabajo que un Padre y un hijo realizaron juntos, no para aplacar la ira de Dios, sino para limpiarnos del pecado. Sus planes no eran meramente castigar por el pecado, sino destruir su poder y ofrecer la vía para que la humanidad fuese rescatada y restablecer la relación que Dios siempre quiso tener con su pueblo.

Lo que vemos desde su punto de vista no es sólo la historia del castigo de una víctima, sino algo más glorioso.

NO SÓLO UNA VÍCTIMA

Sí, Jesús fue brutalmente torturado y la intención de la guardia romana fue que las crueles torturas terminaran con su vida. Sin embargo, la historia no termina ahí. Nada de lo que pudieran haber hecho hubiera sido suficiente para matar al Hijo.

Jesús no fue ni la víctima de las mentiras de los líderes religiosos ni una víctima de los políticos corruptos romanos. Ninguna tortura, por brutal que fuese, hubiera sido suficiente para matarlo. La muerte sólo vendría cuando Él se rindiera ante ella. "Por eso me ama el Padre: porque entrego mi vida para volver a recibirla. Nadie me la arrebata, sino que yo la entrego por mi propia voluntad" (Juan 10:17-18).

La cruz en sí sola no pudo matar a Jesús. Sólo el alma que peca, muere. Dado que Jesús no conoció pecado, la muerte no podía apoderarse de Él. Se sometió a ella por un bien mayor. No se sometió únicamente a los eventos de la cruz, sino que ya al final, entregó su espíritu en las manos de Dios y se entregó a sí mismo a la muerte.

Ni Adán ni Eva en el huerto, ni Cristo en la cruz, fueron víctimas de las decisiones de otras personas. En la inmaculada belleza de la creación, antes de la caída, Adán y Eva no pudieron ver esto en sus corazones para así confiar en Dios y apartarse de sus propios deseos. Pero en la agonizante atrocidad de la cruz y en la oscuridad total que lo abrumaban, Jesús, consciente y constantemente, se aferró al deseo de su Padre.

En cualquier punto del proceso pudo haber parado la tortura, llamando a una legión de ángeles para acabar con aquellos que lo querían matar. ¡Qué acto tan sorprendente!

Creo que nunca he aceptado de forma voluntaria las tragedias más oscuras de mi vida. Rara vez tengo la sensación de estar al control cuando las circunstancias se vuelven desesperadas o cuando alguna persona con motivos perversos se aprovecha de mí. Si pudiera haber llamado a una legión de ángeles para arreglar cualquiera de mis circunstancias dolorosas, lo hubiera hecho. He soportado momentos desgarradores en mi vida, no porque eligiera hacerlo, sino porque no podía hacer otra cosa. La única alternativa que tenía era responder ante ellos a la manera de Dios o de una forma egoísta.

El que Jesús soportara tal hostilidad contra sí mismo, teniendo la libre posibilidad de terminar con todo en cualquier momento de debilidad, me hace apreciar mucho más la cruz. Así como una decisión libre nos sometió a la atadura del pecado, la libre elección de Jesús nos lleva fuera de ella. Su ejemplo además nos recuerda que tampoco somos víctimas. Aún cuando otros nos hagan cosas desagradables, todavía tenemos la libertad de sobreponernos al mal, poniendo nuestra confianza en Él. Nos redime de los momentos más oscuros de la vida con su maravillosa gracia.

NO SOLAMENTE JESÚS...

Sería el primero en admitir que la relación del Padre, Hijo y Espíritu es un misterio más allá de nuestra habilidad para definirla con absoluta claridad. Pero estoy profundamente en desacuerdo con el pensamiento de que de alguna forma Dios fue capaz de separarse a sí mismo en la cruz. La forma más popular de entender la cruz es que Dios Padre ejecutó su ira sobre Dios Hijo mientras permanecía a cierta distancia.

Tal pensamiento no sólo niega la esencia de la naturaleza de Dios, sino que también distorsiona los hechos de la cruz. Pablo escribió que "Dios estaba reconciliando al mundo consigo mismo en Cristo..." Dios no era un observador distante, sino un participante. No envió a Jesús a hacer lo que Él no haría; sino que actuó a través de Jesús para redimirnos.

Algunos han asumido el clamor de Jesús como el abandono de su padre, queriendo decir que en el momento más oscuro, el Padre tuvo que darle la espalda al Hijo. Dios no pudo soportar ver el pecado, argumentan, así que cuando nuestros pecados fueron imputados a Cristo, Dios tuvo que apartar su rostro de Él.

Dios nunca ha huido de la humanidad pecadora. Él no se escondió de Adán y Eva en el huerto. *Ellos* fueron quienes se escondieron cuando *Él* los buscó. No es Dios quien no puede soportar ver nuestro pecado, sino nosotros en nuestro pecado quienes no soportamos mirar a Dios. El que se esconde no es Dios, somos nosotros. Es lo suficientemente poderoso para mirar al pecado y permanecer sin mancha ante él. Siempre lo ha hecho. Lo hizo también en la cruz.

En el capítulo 16 veremos más de cerca por qué Jesús clamó, "¡Dios mío, Dios mío!, ¿por qué me has abandonado?"

Mi opinión aquí, es que Dios estaba involucrado en todos los aspectos de este increíble plan. La angustia que soportó la mente de Dios ese día, no podemos ni imaginárnosla con nuestra limitada mente.

Pero es muy importante que los veamos trabajando juntos, soportando el proceso necesario para destruir al pecado y liberar a aquellos a quienes amó. Jesús no fue la víctima y su Padre el verdugo. Estaban cumpliendo un plan que ellos —Padre, Hijo y Espíritu— concibieron desde el mismo día en que decidieron crear un hombre y una mujer. Pagarían juntos el precio por la relación que tan profundamente deseaban compartir con nosotros.

NO SOLAMENTE CULPABLES DE PECADO

Al que no conoció pecado, por nosotros lo hizo pecado, para que nosotros seamos justicia de Dios en él.
—2 CORINTIOS 5:21

Decir que Dios cargó la culpa por nuestros pecados sobre Jesús para poder castigarlo, nos lleva a perder un aspecto fundamental. Jesús no sólo se estaba haciendo culpable de nuestros pecados; Él *asumió* el pecado en si mismo. La palabra está en singular, no está hablando de *actos* pecaminosos, sino de la auténtica raíz del pecado —esa preferencia por mí mismo, la naturaleza que confía en el yo, que se coloca a sí misma por encima de Dios.

Pablo lo escribe en un tiempo verbal que expresa que Dios hace a Jesús la personificación del pecado. Mientras que pareciera un asunto menor a primera vista, es clave si queremos entender lo que realmente pasó en la cruz. No sólo trató con nuestros pecados, sino también con su verdadera naturaleza.

Al permitir que el pecado tocara su persona a través del Hijo, fue capaz de prevalecer sobre él ya que nosotros no estábamos capacitados para luchar. Mediante el cuerpo físico de Jesús, el pecado se enfrentó cara a cara con el poder de Dios, y como veremos, Dios venció al pecado completamente.

Esto pone de relieve la trampa de cualquier acercamiento a Dios basado en la ley o las obras. Jesús se hizo pecado por nosotros precisamente porque éramos incapaces de lidiar con él por nosotros mismos. La Escritura es clara. Si cualquiera de nosotros pudiera ser justo por sus propias fuerzas, entonces no habría sido necesaria la muerte de Jesús. Cuando caímos en pecado, en estado de incredulidad acerca de quién era Dios, el pecado se convirtió en una trampa sin salida. No podríamos ganar sin confiar, y no podríamos confiar mientras estuviéramos cegados por el pecado.

Es por ello que Dios tomó el pecado en sí mismo a través del cuerpo físico de Jesús e hizo lo que la ley nunca pudo —"condenó al pecado en la carne" (Romanos 8:3). No es la gente pecadora quien fue condenada, sino el pecado en ellos. La razón por la que somos libres de condenación en Jesús es porque Él ya soportó la condenación. El pecado no pudo prevalecer sobre el poder de Dios, y al romper su poder, abrió la puerta a los que quisieran ser libres del pecado y vivir la vida con el Padre.

NO SOLAMENTE CASTIGO

Observa como la perspectiva de Dios no se enfoca en nuestros pecados tanto como en el poder del pecado. Esto se debe a que la cruz no fue sólo un acto de castigo para el pecado. No fue sólo que Jesús se presentara como una víctima inocente para tomar nuestro lugar sobre el madero. Ciertamente esa imagen expresa algo de lo que sucedió, pero el castigo solo no rompe el poder del pecado.

Podemos verlo en nuestra propia sociedad. Al castigar a los niños por hacer las cosas mal, con frecuencia lo que se consigue es que la próxima vez hagan algo para encubrir su culpa, y que a pesar de sus esfuerzos, caigan en sus actos nuevamente. Muchos de los que cumplen condena en prisión, vuelven a la cárcel al poco tiempo de estar en libertad. ¿No sabemos que los deseos de nuestra carne frecuentemente son más fuertes que las amenazas de castigo o las consecuencias negativas?

No, el primer objetivo de la cruz no era el castigar el pecado; sino prevalecer sobre el poder del pecado. En el Hijo, Dios no sólo castigó el pecado, sino que sirvió el antídoto que Cristo fue capaz de soportar hasta que el pecado fue destruido.

Ahora, todos los que lo abracen pueden vivir bajo los efectos de este antídoto, prevaleciendo sobre el pecado a través de una creciente relación con el Creador.

> *En esto consiste el amor: no en que nosotros hayamos*
> *amado a Dios, sino en que él nos amó a nosotros y*
> *envió a su Hijo en propiciación por nuestros pecados.*
> —1 JUAN 4:10

Para tu viaje personal

¿Qué es lo primero que viene a tu mente cuando contemplas la muerte de Jesús? Piensa sobre las realidades físicas y observa lo que sucedió entre Padre e Hijo, como la provisión de un lugar seguro que te ofrecen para salvarte de la destrucción del pecado. Sólo hay que expresarle nuestro agradecimiento por proveernos de tan increíble regalo.

Para trabajar en grupo

1. Dialoguen sobre cómo la historia de la cruz ha tocado sus vidas. ¿Qué eventos permanecen clavados en sus mentes?

2. ¿Qué cosas ven que sucedieron entre el Padre y el Hijo durante esos momentos?

3. ¿Qué significa para ustedes que Jesús se hizo pecado? Compartan sus ideas.

4. Lean uno de los relatos de la crucifixión y denle gracias a Dios por los indescriptibles sufrimientos que Jesús soportó para que en su nombre pudiéramos tener vida.

Si amas profundamente,
vas a ser herido
profundamente.
Pero aún así vale la pena.

C.S. Lewis,
Tierra de Penumbras

El antídoto contra el pecado

FUE LA IMAGEN MÁS FUERTE DE IRA de las que he sido testigo. Me fui con mi familia a acampar a la montaña de Sierra Nevada (California) para escapar del calor de nuestro hogar sobre el suelo del valle, tratábamos de descansar y disfrutar. Me encontraba echado en una silla playera, profundamente metido en mi novela. Mi esposa Sara, iba a reunirse conmigo cuando, de repente, escuchamos los gritos de dolor de nuestro hijo de dos años, Andy.

Estaba jugando en el suelo cerca de nuestro campamento. Cuando lo vi, estaba moviendo torpemente sus pies y agitando sus manos salvajemente. Había insectos voladores alrededor suyo encandilados por el sol. Sara reconoció inmediatamente que se trataba de abejas. De alguna manera se había topado con un nido que se había caído al suelo y lo estaban atacando.

Antes de que pudiera levantarme de la silla, Sara llegó corriendo ante el ruido de sus gritos. A pesar de que es alérgica a la picadura de abeja, y la picaron al meterse allí en medio, sacudía con rabia a las abejas mientras cogía a Andy y salía corriendo con él para ponerlo a salvo. Cuando llegué estaba rascándose la cabeza con algo de alivio, respiraba con dificultad por la sobrecarga de adrenalina que aún corría por sus venas. Rápidamente, comenzó a reaccionar al veneno y lo llevamos al hospital para que fuese tratado.

Si quieres una imagen de la ira de Dios, probablemente no haya una mejor que esta. Nunca había visto a Sara tan enfurecida, pero su rabia no iba dirigida hacia Andy ni buscaba castigarle. Simplemente se arriesgó para rescatar a alguien que amaba profundamente.

LA IRA DE DIOS

Así es la ira de Dios. Él observa cómo el mal mutila su creación y destruye a la gente que ama, y debe liberarla. Su ira consume el mal y la perversidad, y en este sentido no existe en contraposición a su amor, sino como una expresión de ese amor. La ira protege y libera el objeto de su afecto.

Estoy seguro de que cuando mi hijo vio a su mamá corriendo hacia él con los ojos llenos de ira, pensó "oh, oh, estoy en problemas". Cuando todavía no sabía qué había hecho mal, se estaba preparando para defenderse de ella mientras se acercaba. Sólo después de que lo llevó a un lugar seguro, se dio cuenta de que el objeto de su ira no era él, sino que iba en busca de su beneficio.

Nuestra conciencia avergonzada hace lo mismo delante de Dios. Donde sea que vemos a Dios actuando para destruir el pecado, interpretamos que su ira es contra nosotros. Pero no es allí hacia donde la ira se dirige primeramente. "Porque la ira de Dios se revela desde el cielo contra toda impiedad e injusticia de los hombres." (Romanos 1:18).

Dios no busca destruir a la humanidad, sino al pecado que destruye a su pueblo. En este sentido, la ira de Dios es mucho más curativa que punitiva. Su propósito inicial no es herirnos, es sanarnos y redimirnos.

Eso no quiere decir que la ira de Dios no devore al hombre también. Muchas veces en las Escrituras, la implacable presencia de Dios produjo la muerte de personas cuando, la necesidad de tratar con el pecado tiene una propósito mayor. La ira, por tanto, así como consume el pecado también consume a la gente que se ha unido de tal forma al pecado que ya no está interesada en alcanzar la misericordia de Dios.

Israel ocupó la Tierra Prometida sólo porque las naciones se habían entregado de tal manera al pecado que eran irredimibles. Esa es la razón por la que Dios no le dio la tierra a Abraham, sino que esperó hasta que la medida de su maldad alcanzara el máximo. Entonces, se la dio a los hijos de Israel.

¿No es interesante que al final del Apocalipsis, todavía los que sabían que habían deshonrado al Dios Viviente, lo maldijeran en vez de arrepentirse? Parece que Dios usará los eventos catastróficos de los últimos días para polarizar la sociedad, para que todos aquellos que quieran venir a Él tengan la oportunidad de hacerlo. Y aquellos que no, no puedan reclamarlo después.

El propósito de su ira es consumir el pecado y limpiar el universo. Eso es lo que hace; primero, dentro de nosotros, si se lo permitimos, pero si no, la ira lo hará desecharnos. Porque el pecado debe ser consumido por la ira.

LA COPA QUE JESÚS NO QUERÍA

"Padre, si es posible, aparta de mí esta copa," fue el corazón de Jesús agonizando, pidiéndolo en oración una y otra vez en el huerto a las puertas de la crucifixión. Las palabras son intrigantes. ¿De qué copa hablaba?

Ciertamente podría haber usado "copa" como una metáfora para referirse a la dificultad de las circunstancias que se cernían a su alrededor. Pero la Escritura también habla acerca de la ira de Dios como una copa que es bebida por los que han sido devorados por el pecado. Probablemente un versículo en el libro Apocalipsis lo expresa de la mejor manera posible. Aquellos que adoran a la bestia "también beberá del vino de la ira de Dios, que ha sido vaciado puro en el cáliz de su ira" (Apocalipsis 14:10).

¿Sería esa la copa que Jesús estaba resistiendo esa noche? ¿Sería el pensamiento de ser el objeto de la ira de su Padre tan insoportable de contemplar que le llevó a buscar otro medio para efectuar la salvación? No sé si fue así, porque la Escritura no lo dice, pero creo pudo ser de esa manera.

Si es la ira de Dios la que consume al pecado, y si el plan de redención fue consumir el pecado de la carne pecaminosa, entonces pudo ser que Jesús bebiese de esa misma copa. Pudo ser hecho durante la tortura física de la crucifixión. Durante aquellas horas, clavado en la cruz bebió de la copa de Dios para que su ira pudiera condenar al pecado en el Hijo.

De este modo la ira de Dios no es únicamente la paga del pecado, también el antídoto. A causa del pecado la puerta a un futuro sin él fue destruida. Así como la ira de Dios al final limpiará al mundo del pecado, puede purgar el pecado en nosotros. El único problema es que en nuestro estado caído, la ira de Dios podría consumirnos antes de acabar con nuestro pecado. Es un ejemplo perfecto del dicho, "la cura es peor que la enfermedad." Donde fuese que la ira de Dios se manifestase en el Antiguo Testamento para consumir el pecado, ¡la gente se moría! La carne era demasiado débil para soportar ser limpiada.

Pero antes del comienzo del mundo, Padre e Hijo diseñaron juntos un plan que pudiera redimir el objeto de su afecto.

BEBIENDO LA COPA

¿Qué pasaría si tuvieras un hijo pequeño a quien se le diagnosticara una extraña enfermedad en la sangre? Los médicos te dicen que esta enfermedad es muy poco común en niños. A pesar de que cuentan con un tratamiento en forma de quimioterapia, con el que se puede limpiar la sangre y restablecer su salud, la droga es tan fuerte para el cuerpo del niño que no podría soportar la dosis requerida para curarlo. En otras palabras, el tratamiento podría matarlo antes de curarlo.

Pero hay otra forma, te dicen. Podrían introducir su sangre en tu cuerpo. Contraerías la enfermedad y ellos podrían administrar la quimioterapia en tu sangre. Existe el riesgo de que mueras durante el tratamiento, pero la terapia podría producir antígenos en tu sangre que se podrían pasar al cuerpo de tu hijo y limpiarlo de la enfermedad. ¿Lo harías? La mayoría de los padres no dudarían ni un segundo.

Dios tampoco lo hizo. Esta era su oportunidad de destruir el poder del pecado y liberar a aquellos que habían sido esclavos de él durante toda su vida. Los testigos en el Gólgota ese día sólo vieron un hombre experimentando la agonizante muerte de la crucifixión. No sabían que el único sin pecado estaba siendo hecho pecado por ellos, y que los dolores físicos de la cruz sólo reflejaban en términos humanos lo que estaba ocurriendo en la eternidad de Dios.

Parece que la copa de la ira fue llevada a sus labios y Jesús bebió de ella hasta terminarla, para que el pecado mismo se corroyera. La bebió hasta el final permitiendo que la ira luchara contra el pecado hasta que el pecado sucumbió al poder de Dios y fue consumido en Él.

¿Cómo podremos siquiera imaginar la batalla que se desató en su alma durante aquellas horas? Ciertamente, contamos con algunos indicios, pero sólo eso. Jesús no sólo entró en las profundidades del dolor, la oscuridad, la vergüenza y la angustia a las que el pecado ha llevado a la humanidad, sino que además soportó el peso completo de Dios haciendo la guerra contra ese pecado para su destrucción final.

Lo primero lo podemos entender, en parte, porque todos hemos probado el pecado y sus dolorosas y destructivas consecuencias. Lo último nunca lo vamos a experimentar si aceptamos su muerte como nuestra. Porque ya ha llevado en Él lo que nosotros nunca podríamos resistir y luego sobrevivir. Soportó tal hostilidad porque estaba comprometido con alcanzar nuestra libertad del poder del pecado.

Cuando considero lo injusto que puede parecer el que Dios hubiese creado aquel árbol en el Edén y que causara tanto dolor, sólo tengo que mirar a la cruz. ¿Cómo pudo poner allí el árbol? Ya había determinado que pagaría el precio más alto por el error que representaría aquel árbol para Adán y Eva. Al darnos la libertad de confiar en Él o en nosotros, Dios también sabía que Él sufriría la peor parte de nuestras decisiones. De alguna manera, la gloria de la comunión con sus criaturas sobrepasaba el precio que tendría que pagar.

Soportando hasta el final, Jesús permitió que el pecado fuese conquistado por completo en Él. Su maleficio sobre la humanidad fue roto y nadie ya tendría que ser consumido por el pecado, ni por la ira de Dios. El antídoto no sólo trabajó en Él, también su sangre produjo una fuente de vida. Al hacer una transfusión, a la persona que lo desee, su sangre limpia del pecado y acerca a Dios —cumpliendo el sueño que tuvo cuando decidió crear al hombre y a la mujer y colocarlos en el centro de su creación.

"ESTA COPA ES PARA TI"

"Esta copa es el nuevo pacto en mi sangre, que es derramada por ustedes" (Lucas 22:20).

Unas horas antes de ser arrestado, compartió la última comida con sus discípulos. Habiendo bebido de la copa de la ira que nuestros pecados merecían y siendo usado para condenar al pecado, ahora nos ofrece una copa diferente. Esta copa está llena de su sangre, que ha sido purificada y rebosa de vida y gracia.

Ahora te invita a beber de su copa como el antídoto que puede limpiar tus pecados pasados y el pecado que lucha en tu corazón y te mantiene preso de sus deseos. Él rompe las cadenas si vienes y bebes de Él.

Así como la caída en el Edén sujetó a cada persona y a la tierra a la cautividad del pecado, este regalo dado libremente, debe ser libremente recibido. El deseo de Dios para nosotros es que entremos en una relación con Él sin dejar de respetar nuestra decisión.

A pesar de que nos persigue con amor eterno y nos ofrece beber de la fuente de la vida, no obliga a nadie a hacerlo.

Esa es tu decisión, simple y llanamente.

La puerta está abierta; todo lo que tenemos que hacer es confiar lo suficiente como para atravesarla. De nuevo aparece la palabra —¡confianza! Lo que Adán y Eva no hicieron en el huerto, ahora podemos hacerlo nosotros a través de la obra de la cruz. Proveer el antídoto para el pecado fue sólo parte del plan. Algo más sucedió en esa cruz que fue suficiente para cambiar nuestras vidas para siempre.

> *En él tenemos la redención mediante su sangre, el perdón de nuestros pecados, conforme a las riquezas de la gracia que Dios nos dio en abundancia...*
> —EFESIOS 1:7-8

Para tu viaje personal

¿Ves la ira de Dios dirigida hacia el pecado o dirigida hacia ti? Una cosa es decir que Él ama al pecador y odia el pecado, y otra diferente, sentir que odia al hombre además de al pecado. Pídele a Dios que te ayude a cambiar tus pensamientos y a ver las cosas como Él las ve. Quiere que sepas que todo lo que ha hecho en tu vida ha sido intencionado para llevarte a la plenitud de su amor. Pídele que te lo muestre en las áreas en las que no lo entiendas.

Para trabajar en grupo

1. ¿Puedes pensar en algún momento en el que su amor por alguien los movió a actuar a su favor aún arriesgando sus propias vidas?

2. ¿De qué manera ver la ira de Dios como el antídoto contra el pecado, en lugar de como castigo, les afecta en su manera de ver a Dios y a la cruz?

3. Dialoguen acerca de la diferencia entre la copa que Él bebió y la copa que nos ofrece para que bebamos nosotros. ¿De qué manera les afecta esto?

4. Pídanle a Dios que le dé a cada uno una visión personal de la cruz y confianza en todo lo que se logró allí para ustedes.

Sólo confiarás en Dios
en la medida en la que lo ames.
Y lo amarás no porque lo hayas
estudiado; lo amarás
porque lo has tocado
—como respuesta a su toque...
Sólo si lo amas darás
ese salto final en la oscuridad.
"Padre, en tus manos
encomiendo mi espíritu."

16

BRENNAN MANNING. *LEÓN Y CORDERO*

En el momento más oscuro, ¡confía!

CUANDO EL ENEMIGO LOGRÓ ABRIR UNA BRECHA entre Eva y su Creador, ganó. Todo lo que hacemos como resultado de la desconfianza en Dios y en sus intenciones hacia nosotros nos lleva a una atadura al pecado cada vez más profunda, tanto si tratamos de justificar nuestros deseos egoístas, como si tratamos de apaciguar a Dios.

Aquí es donde una visión de la cruz basada en el apaciguamiento no nos sirve de ayuda. Al ver la cruz como una oferta de "libre de entrar al infierno" más que como una invitación a una amistad con un Padre lleno de gracia, despojamos a la cruz de su poder. Al enfocarnos en la incertidumbre de la vida futura, podemos presionar a la gente para que salga adelante y haga la oración del pecador o cualquier otra cosa que le pidamos para asegurarles que irán al cielo.

Pero entonces nuestro problema sólo habrá comenzado. La mayoría regresa a vivir la vida de la manera que la ha vivido antes, confiados en que ya han hecho lo suficiente para no tener que preocuparse por el infierno nunca más. Algunos se involucrarán en un grupo religioso o una actividad como expresión de su sinceridad hacia Dios, pero pronto descubrirán que la realidad del cristianismo no vive de acuerdo a lo que promete. Se encontrarán abrumados al descubrir que el pecado es imposible de vencer, simplemente porque no le han permitido a Dios lidiar con la raíz del mismo.

Para que el poder de la cruz cambie significativamente nuestras vidas, debe restaurar la verdad que fue destruida en el Edén.

Y la cruz lo hace de una manera espectacular.

¿EL HIJO ABANDONADO?

Probablemente las palabras más enigmáticas de Jesús en la cruz fueron su grito de extrema soledad y desesperación "Dios mío, Dios mío, ¿por qué me has abandonado?" Durante cientos de años, los teólogos han lidiado con esas palabras, intentando descifrar lo que estaba sucediendo entre Padre e Hijo en aquel momento.

¿Podría el Dios Fiel ser infiel a su Hijo en el más oscuro momento? Por supuesto que no. Aún cuando Jesús dijo a sus discípulos que lo dejarían solo, les explicó que el Padre estaría con él. No creo ni por un momento que Dios abandonara al Hijo. Pero pudo haber una inmensa diferencia entre lo que el Padre *hizo* y lo que Jesús *percibió*. Jesús sin duda se sintió abandonado pero no significa que lo estuviera.

Probablemente el Salmo 22 nos da una pista, pues Jesús usó las mismas palabras que David escribió en ese salmo. Leamos los siguientes extractos, en los que David titubea entre su seguridad del amor de Dios y su temor a perderlo:

- "Dios mío, Dios mío, ¿por qué me has abandonado? (v.1)... Sin embargo, tú eres santo, que habitas entre las alabanzas de Israel (v.3)."

- "Dios mío, de día clamo y no respondes... En ti confiaron nuestros padres; confiaron, y tú los libraste."

- "Pero yo soy gusano, y no hombre; oprobio de los hombres, y despreciado del pueblo... Porque tú me sacaste del seno materno; me hiciste confiar."

- "Soy derramado como agua, y todos mis huesos están descoyuntados... (sin embargo) Él no ha despreciado ni aborrecido la aflicción del angustiado, ni le ha escondido su rostro; sino que cuando clamó al SEÑOR, lo escuchó..."

David describe de manera elocuente el torrente de emociones que el pecado produce en nosotros, sobrecogiéndonos con una sensación de vacío y haciéndonos sentir abandonados. Pero además afirmó que Dios está allí de todas maneras y al final, encontrará su camino a través de nuestra agonía.

Cuando Jesús se hizo pecado por nosotros, entró en la vergüenza, la oscuridad y la atadura del mismo. Es como si en ese momento en la cruz, cuando la ira de Dios estaba consumiendo el pecado en que Él se había convertido, no pudo ni siquiera ver al Padre con quien había compartido comunión durante toda la eternidad. El pecado lo cegó y sintió como si Dios lo hubiera abandonado. Pero esta es la diferencia entre la percepción del pecado y la realidad de Dios.

Nosotros también nos sentimos abandonados por Dios en algunos de nuestros momentos más oscuros. Eso no significa que nos haya dejado, sólo que no podemos verlo a través de la oscuridad. La resonante verdad, es que Dios siempre está allí, sin apartar jamás su rostro de aquellos que son suyos. Creer que lo hizo con Cristo in impensable.

El que Jesús se sintiera abandonado solamente muestra la profundidad con la que experimentó nuestro pecado. Entró en Él completamente y, por un breve momento en la eternidad, el Hijo supo lo que era experimentar la ausencia del Padre (la orfandad). Cuán doloroso tuvo que haber sido, dado que había vivido con sus ojos fijos en su Padre en todo momento. Incluso debió haber perdido de vista el propósito mismo de la cruz, así de oscuro es el pecado.

A pesar de su ceguera, el Padre estaba allí, como siempre había estado. Pero al haberse hecho Él mismo pecado, no pudo sentir la presencia de su Padre. Mientras Jesús compartió el vacío y la soledad, que probablemente definen el mismo infierno, su percepción se convirtió en su realidad. Hay aquí un misterio mucho más profundo que la Escritura no aclara y debemos tener cuidado de no ir más allá de lo que realmente dice. Al permitir que el pecado tocara la cabeza de Dios, se creó una fisura en la comunidad divina. El precio de nuestro pecado fue llevado en sus heridas. ¡Cómo debió de romperse el corazón de Dios al escuchar el llanto de su Hijo, viendo que se había convertido en el objeto de su odio en vez del objeto de su amor!

Pero la historia no terminó allí.

MÁS ALLÁ DE LAS PROFUNDIDADES

Poco después de su clamor de abandono, ofreció la mayor demostración de confianza en la historia del mundo.

"Padre, en tus manos encomiendo mi espíritu."

Al Padre que no podía ver.

Para completar un plan que había perdido de vista.

En la más profunda desesperación y soledad, en plena agonía, Jesús hizo lo que Adán y Eva no pudieron hacer viviendo en el más puro y hermoso de los huertos.

Él confió en su Padre.

Comprometió su ser entero en las manos de su Padre y al hacerlo, expiró. El horror de la cruz había alcanzado su fin. El pecado había sido consumido y su cuerpo acabado. Pero su último aliento afirmó el corazón de la confianza, más allá de la comprensión. Ahora la barrera de la muerte había sido cruzada en un estado de absoluta confianza y rendición. El poder de la muerte sería también conquistado.

Pablo afirmó repetidas veces que la obra de la cruz permanece como la prueba innegable de que somos amados. Dios llegó a ese extremo para rescatarnos de nuestra propia terquedad, para que pudiéramos ser sus amigos y asegurar para siempre sus intenciones con nosotros. "Difícilmente habrá quien muera por un justo... Pero Dios demuestra su amor por nosotros en esto: en que cuando todavía éramos pecadores, Cristo murió por nosotros" (Romanos 5:7-8).

Sea la gallina cubriendo a sus pollitos contra las mortales llamas, o la madre corriendo hacia un enjambre de abejas para proteger a su hijo, una vez que el amor es demostrado hasta ese grado, ¿cómo podemos seguir dudando? Al actuar entre nosotros y nuestra destrucción, Dios quiere que sepamos que podemos confiar en Él en toda situación. Cuando la verdad de la cruz se asienta en nosotros, la brecha del enemigo desaparece.

Ya no tenemos que dudar de la confianza en este increíble Padre y en sus intenciones con nosotros, especialmente cuando perdemos de vista lo que está haciendo en nuestras vidas o cuestionamos su aparente inactividad. En vez de dudar de Él, podemos asumir que está haciendo algo más grande de lo que nuestras expectativas puedan concebir y continuar caminando a su lado en vez de separarnos de Él.

La cruz no sólo demuestra la buena voluntad de Dios amándonos hasta el máximo coste personal, Jesús además nos dio ejemplo de cómo poder vivir en esa confianza —"En tus manos encomiendo mi espíritu". Cuando no puedo entender lo que Dios está haciendo; cuando me encuentro totalmente confundido; cuando estoy solo y vacío, la respuesta sigue siendo la misma, "en tus manos encomiendo mi espíritu."

LA FE DE JESÚS

El patrimonio de la cruz es una existencia vivida en la confianza. Esto nos libera de la esclavitud del pecado, que nos hace sentir extrañamente menos amados y nos impulsa a compensar este sentimiento, con la certeza de que somos amados por el Dios del universo. Esta es la fe que quiere que vivamos, una fe que nos ha sido regalada.

Pocas versiones de la Biblia traducen Gálatas 2:20 exactamente como aparece en el griego original. Pablo escribió: "He sido crucificado con Cristo y ya no vivo yo, sino Cristo vive en mi. La vida que vivo en el cuerpo, la vivo por *la* fe *del* Hijo de Dios, quien me amó y se entregó a sí mismo por mí."

La inmensa mayoría lo traducen de esta manera. "La vida que vivo en el cuerpo, la vivo por la fe *en* el Hijo de Dios." No pudieron concebir lo que Pablo quiso decir cuando escribió "vivir por la fe *de* Jesús". Así que lo tradujeron como "la fe *en* el Hijo de Dios" dado que otros pasajes hablan acerca de la importancia de poner nuestra fe en Él. Pero Pablo está hablando sobre algo diferente. En el original, no hay confusión acerca de a dónde debe ser dirigida nuestra fe y a quién pertenece. Se refiere claramente a lo último. En otras palabras, Pablo lo que estaba diciendo era que él vivía completamente por medio de la fe de Jesús, no por esforzarse lo suficiente con su propia fe.

¿No es increíble? ¿Con cuánta frecuencia te sientes débil en la fe? Intentas creer con todas tus fuerzas, y aún así el creer se te escapa. ¿Cómo haces crecer algo en ti que, para empezar, no tienes? Puede parecer correcto, pero rara vez nos ayuda el que nos digan que necesitamos confiar más en Jesús. Por supuesto, es verdad, pero ¿cómo podemos confiar más, de lo que estamos confiando?

Aquí tenemos la respuesta: Pablo vio su vida terminar cuando Cristo murió en la cruz. No vivió en su propia fe humana. Permitió que Jesús viviera en él. Permitió que la confianza de Jesús en el Padre sustituyera la suya.

Mi esposa y yo lo hemos hecho también. En las pruebas más duras de nuestro viaje, nos hemos sostenido el uno al otro en la tormenta, a veces paralizados por las circunstancias que están más allá de nuestra capacidad para soportar. A veces con el rostro lleno de lágrimas simplemente hemos orado, "Jesús, por lo que hiciste, escogemos creer en el amor del Padre por nosotros. Danos la fe para permanecer firmes y confiar en que nuestras vidas están en tus manos".

Es asombroso como este simple acto obra en nosotros. Libera un poder más allá de nuestras propias habilidades o intelecto. Nuestros ojos ven un poquito más claro; nuestro corazón encuentra una mayor fortaleza. Las respuestas que pensábamos que necesitábamos ya no parecen importantes. Su presencia y su propósito demuestran ser suficientes en la tormenta. Al final reconocemos su mano haciendo algo más grande en nuestras vidas de lo que habíamos esperado en aquel momento.

UNA VIDA VIVIDA EN CONFIANZA

El apóstol Juan nos reveló el secreto para vivir en su reino. Dijo que había escrito su evangelio para que aquellos que lo leyeran pudieran " Pero éstas se han escrito para que ustedes crean que Jesús es el Cristo, el Hijo de Dios, y para que al creer en su nombre tengan vida" (Juan 20:31).

Hemos menospreciado este versículo con la idea popular de que creer que Jesús es el Cristo es una afirmación doctrinalmente correcta. Si uno asiente intelectualmente al hecho de que Jesús es el Cristo, entonces uno tiene su vida. Este no es el objetivo de Juan. La palabra que traducimos por "creer" es simplemente la forma verbal de "fe". Probablemente la palabra confianza podría llevarnos a su significado completo.

Juan no está animando a la gente a confesar el credo correcto, sino que les invita a aprender lo que Dios comenzó a enseñar en el huerto —cómo confiar plenamente en Él. Juan escoge en su libro, los eventos de la vida de Jesús que nos podían motivar a confiar en Él y a vivir en esa confianza cada día, y así experimentar la vida de Dios. No entramos en el reino por una oración de fe, asistiendo a una reunión religiosa o recitando un credo ortodoxo, sino aprendiendo a confiar en quien es Dios y viviendo en esa confianza cada día.

Aquellos que aprenden y viven en esta confianza, descubren la vida en Dios, incluso en este mundo caído. Lo que Dios completó en la cruz con Cristo, no sólo derrotó nuestro pecado, sino que nos permite construir una vida basada en la confianza. Te ama y te amará, completa y absolutamente cada día de tu vida, aquí, ahora y en la era por venir.

El momento en que Jesús se entregó a la muerte en la cruz, la victoria de Dios sobre el pecado y la muerte quedó asegurada. Lo que sucedió tres días después sólo ratificó el trabajo que ya había finalizado. Dios lo levantó de la muerte porque ya la había conquistado con su total confianza, de todo corazón, en su Padre y, por lo tanto, se hizo primogénito de toda una nueva raza de hombres y mujeres.

Ahora podemos vivir como personas amadas, Jesús continúa vivo para ayudarnos a sentirlo. Sin la presión de tener que apaciguar a Dios, somos libres de vivir en su amor y, como veremos, eso puede transformar completamente todo sobre la manera en que pensamos y vivimos.

> Con Cristo estoy juntamente crucificado, y ya no vivo yo, mas vive Cristo en mí; y lo que ahora vivo en la carne, lo vivo en la fe del Hijo de Dios, el cual me amó y se entregó a sí mismo por mí.
>
> —GÁLATAS 2:20

Para tu viaje personal

¿En qué circunstancias te es fácil confiar en Dios y en cuáles te es difícil? ¿De qué manera el ejemplo de Jesús te anima a confiar en Dios cuando parece estar distante de ti? Dado que es en su fe en la que quieres vivir, pídele a Jesús que te enseñe a crecer en su confianza y a cómo fijar tu esperanza en Él, de manera que permanezcas firme más allá de tus circunstancias o emociones.

Para trabajar en grupo

1. ¿En que serían diferentes sus vidas si confiaran completa y absolutamente en Dios, en todas las cosas en la vida?

2. ¿En qué momentos la oscuridad pareció rodearlos y dificultar la comprensión de lo que Dios estaba haciendo en ustedes?

3. ¿Cómo pueden las acciones de Jesús en la cruz proveer las bases para que aprendan a confiar en Él en cualquier cosa que les depare la vida?

4. Oren los unos por los otros para que Dios les enseñe, en lo cotidiano, lo que significa que Él está a su lado, obrando su voluntad en sus vidas.

Una vida vivida en amor

*Porque el amor de Cristo nos constriñe,
pensando esto: que si uno murió por todos,
luego todos murieron; Y por todos murió,
para que los que viven, ya no vivan para sí,
sino para aquel que murió y resucitó por ellos.*
—2 Corintios 5:14-15

Dios no está desilusionado contigo, porque para empezar Él no se hace ilusiones contigo.

GERALD COATES,
COMENTARIOS INÉDITOS

17

Tratar de ganar puntos con alguien que no está llevando la cuenta

PARA MI QUERIDO AMIGO, las palabras expresaban su gran dolor. Para mí, marcaron un gran descubrimiento en mi relación con Dios. La yuxtaposición no pudo ser más extraña.

Meses antes había visto a su esposa distanciarse y amenazarlo con dejarlo. Él había hecho todo lo que podía para probarle su amor y hacerle saber que estaba dispuesto a cambiar cualquier cosa para salvar su relación.

Pero nada había funcionado —ni el auto nuevo que le compró, ni el cambio de trabajo que ella le había pedido que hiciera, ni sus persistentes palabras de súplica. Una mañana ella se fue. Me miró con los ojos llenos de lágrimas y dijo, "Wayne, he entendido que he estado tratando de ganar puntos con alguien que no llevaba la cuenta".

En su situación no podía imaginar palabras más dolorosas. Mi corazón se quebrantaba por él y pasamos el resto del almuerzo estudiando sus opciones y buscando la manera de apoyarlo en el futuro.

Sus palabras, sin embargo, tocaron algo más profundo y resumieron en una simple frase lo que el Padre había estado obrando en mi vida durante los meses anteriores. Lo que para él significaba el inicio de una tragedia, para mí había sido el encuentro de una nueva libertad.

Había pasado toda mi vida en la fe haciendo con Dios lo que él había estado haciendo con su esposa. También había estado tratando de ganar puntos con alguien que ya no llevaba la cuenta, aunque por razones muy diferentes.

La esposa de mi amigo había dejado de llevar la cuenta porque ya no estaba interesada en salvar su relación. Mi Padre nunca ha llevado la cuenta porque Él no quiso otra cosa sino cultivar una relación conmigo. Lo había hecho, no tirando mi tabla de puntos a la basura, sino completándola Él mismo.

Eso es lo que Pablo quería enseñarnos cuando dijo que Jesús murió en la cruz, "para que el requisito de la ley se cumpliera en nosotros, que no andamos conforme a la carne, sino conforme al Espíritu" (Romanos 8:4). Para alguien que ha vivido muchos años imaginando a Dios como el Examinador divino, ese momento fue una gloriosa epifanía.

Dios ya no está contando, y eso significa que ¡yo tampoco tengo que hacerlo!

NO MENOS AMADOS
SINO TOTALMENTE AMADOS

Si los problemas de Adán y Eva comenzaron cuando perdieron de vista lo profundamente que les amaba Dios, ¿no es lógico pensar que nuestras vidas cambiarán por completo cuando conozcamos las profundidades de su amor por nosotros? Esto es exactamente lo que nuestro Padre quiere que nos produzca la verdad de la cruz.

En esta sección final, miraremos lo que significa vivir cada día en la confianza de su amor por nosotros. Descubriremos que cuando vivimos en esta realidad, todo acerca de nuestra vida y nuestra fe cobrará un significado diferente y nos dará nuevas motivaciones. En vez de proveer una excusa para ser víctimas del pecado, nuestra seguridad en su amor destruirá la raíz del pecado y nos mostrará cómo vivir como el pueblo libre de Dios en la tierra.

Pero permitámonos ser absolutos con este proceso desde el principio. No puedes vivir y crecer en Dios de manera práctica como un intento de sentirte seguro en su amor. Sería ir al revés, confundiendo la causa con el efecto. Sólo producirá otra forma de legalismo —intentar ganar por el esfuerzo lo que Dios da como un regalo.

La libertad de crecer en Él viene cuando reconoces que su amor por ti no se ve afectado por tus acciones. En el libro *Gracia Divina vs. Condena Humana*, Phillip Yancey dice algo tan claro como: "Gracia significa que no puedo hacer nada para que Dios me ame más, y que nada de cuanto yo haga puede lograr que Él me ame menos. Dios ya te ama tanto como un Dios infinito puede amar."

Nuestra única decisión es vivir o no vivir amados, confiando en que somos la niña de sus ojos y que puede hacer en nosotros todo lo que desee. Es el reto de la vida en el reino de Dios. Ha hecho todo para demostrar su irrefutable amor. O podemos seguir viviendo menos amados, para lograr nuestros planes con recursos propios y en el proceso destruirnos y herir a otros también.

La decisión es tuya y nunca se toma de una vez y para siempre. Esta decisión la tomas cada día, en cada circunstancia en la que te encuentres. ¿Confías en que Él te ama incluso en esto o actuarás basándote en tu propia sabiduría y deseos?

NO UNA RELIGIÓN, SINO UNA RELACIÓN

Hay dos maneras de esconderse del amor de Dios —rebelión y religión. La rebelión, ilustrada en el hijo pródigo, desafía al amor de Dios y busca cubrir la culpa y la vergüenza a través de la indulgencia de los deseos sensuales. La religión, por otra parte, es mucho más sutil, pues busca cubrir las mismas cosas pero a través de buenas obras y obligación. Sin embargo, como el hermano mayor del hijo pródigo, la religión niega el lugar del Padre en nuestras vidas y no nos acerca a conocer a Dios por quién es Él realmente.

Simplemente, religión es tener buenas notas en el boletín de calificaciones —esforzarnos por ser aceptados a través de nuestro propio esfuerzo ya sea a través de buenas obras o de la práctica de alguna actividad religiosa. En todo momento nos enfocamos en nosotros y en lo que podemos hacer para ser aceptados por Dios y así, sólo estaremos condenados al fracaso.

La mayoría de las cartas de Pablo fueron escritas porque entre los primeros creyentes empezó a haber el cambio de una relación por religión. En vez de aprender a vivir en la seguridad del amor en comunidad, volvían a las tradiciones, credos, disciplinas y leyes, como un intento de ganar el amor de Dios por sus propias fuerzas. Pablo les recuerda una y otra vez que el amor de Dios los llevaría más allá de sus propios esfuerzos y de lo que sus logros jamás podrían llevarles. Pero sus palabras con frecuencia cayeron en saco roto, en ese entonces, y por generaciones.

¿Por qué tantas personas disfrutan luchando para ganar la aceptación de Dios, cuando Él ha llegado tan lejos para demostrar que ya la tienen? Quizá se sienten más seguros si piensan que controlan la relación. Probablemente temen que si no tienen que ganarse su aceptación, usen la gracia como pretexto para ir tras sus propios deseos. Tal vez no quieren una relación con Dios después de todo, simplemente desean su ayuda en tiempos de necesidad y asegurarse su tarjeta de "exento del infierno."

La religión nos ofrece la ilusión de poder ganar la aceptación, pero es sólo un sustituto barato de la realidad de vivir en Él. El deseo de Dios es que nos enganchemos a una relación que cambie nuestras vidas. Sabía que el "cambio de vida" sólo surgiría de esa relación. De esta manera demostró su amor por nosotros antes de que hiciéramos lo que fuese necesario para hacernos dignos de Él. Al hacerlo, quería que dejáramos de tratar de ganar su amor y solamente vivir en su luz.

¿Qué harías hoy si supieras que Dios te ama de forma íntegra? Dios conoce la respuesta. Esta pregunta te instruirá más, que todo lo que la religión jamás lograría. La llave para vivir una vida cristiana productiva no es levantarse cada mañana tratando de ser amado por Dios, sino caminar en la conciencia de que ya eres su amado o amada.

NO UNA FÓRMULA, SINO UNA AMISTAD

Al liberarnos de la terrible carga de intentar ganar su amistad, Dios se enfoca justo donde quería —en la relación que siempre quiso tener con cada uno de nosotros. Él desea ser un amigo más cercano que cualquier otro que jamás hayas tenido: compartir tus alegrías, dolores, desaciertos, mientras nos enseña cómo vivir en Él.

Diariamente, Dios quiere que lo descubramos y nos comprometamos con Él. Es un proceso intenso y personal. Por más que intentemos de normalizar la relación ofreciéndole una lista de acciones necesarias, siempre nos quedaremos cortos. Ninguna relación viva se desarrolla gracias a una lista, porque las relaciones son mucho más dinámicas que cualquier directorio que podamos hacer. Dios puede ser lo suficientemente personal como para desarrollar su amistad con cada uno de nosotros, en la medida en que lo invitemos a hacerlo.

Algunas personas me han preguntado si esta clase de amistad tiene el riesgo de trivializar a Dios y reducir nuestro respeto hacia Él. No veo ese peligro. Aquellos que tratan a Dios como a un íntimo amigo, que piensa y actúa como ellos, siempre me hacen preguntarme si se han encontrado con el Dios viviente o sólo es una ilusión de su mente. Dios es quien es. Él es el Todopoderoso, el Dios Santo que creó los cielos y la tierra. Él es más majestuoso de lo que lo podamos concebir. Sólo puedo aproximarme a Él con confianza porque es así como lo quiere, pero eso no disminuye en mi mente, ni por un instante, quien es Él.

Algunos han argumentado que si no nos comportamos de una manera tan informal con las autoridades humanas, ¿por qué deberíamos hacerlo del mismo modo con el Dios Todopoderoso? Sé lo que quieren decir. Si tuviera la oportunidad de conocer a algún presidente o rey, me vestiría con mi mejor traje y le trataría con todo el honor que merece su cargo. Sin embargo, sería imposible hacerme su amigo en tal ambiente, ¿verdad?

¿Es eso lo que el presidente o el rey esperan de cada persona? No creo. ¿Quiénes podrían presentarse ante el presidente en ropa informal, saltar sobre su regazo, reír y jugar con él? sus hijos, por supuesto. Eso es exactamente lo que Dios nos ofrece —no la relación con un individuo, sino aquella que se tiene con un hijo o una hija, quienes pueden conocerlo como realmente es sin sentirse intimidado por ello. Él no quiere usar su grandeza para hacernos sentir como hormigas, sino elevarnos a una amistad con un Padre increíble. Esto nunca podría hacer de Él alguien menos asombroso, sino todo lo contrario.

NO PARA ÉL, SINO CON ÉL

En la medida en que crezcas en la certeza de que su amor por ti no depende de tu esfuerzo, te encontrarás libre de la horrible carga de "tener que hacer" para Él. Te darás cuenta de que tus ideas más grandes y tus obras más apasionadas se quedan muy cortas en comparación con lo que quiere hacer a través de ti.

Solía estar dominado por la idea de hacer algo grande para Dios. Fui voluntario en numerosas ocasiones y trabajé con la esperanza de que algún libro que escribiera, alguna iglesia que plantara o alguna organización a la que ayudara, consiguiera grandes cosas para Dios. Aunque pienso que Dios usaba mi desorientado celo, nada de lo que hice alcanzó jamás el nivel de mis expectativas. En vez de eso, parecían distraerme de Dios, consumir mi vida y dejarme estresado y agotado de tanto esfuerzo.

Ya no me dejo llevar por mis impulsos. No he intentado hacer algo grande para Dios durante más de 10 años y aun así, lo he visto usar mi vida de maneras que siempre sobrepasan a mis expectativas. ¿Qué cambió? Yo cambié, por su gracia.

Mi deseo de hacer algo grande para Dios me sirvió mucho más a mí que lo que le pudo servir a Él. Me mantuvo muy ocupado como para disfrutar de Dios y me desvió de las verdaderas oportunidades ministeriales que ponía en mi camino todos los días.

Usaba este deseo para comenzar mi día colocando mis planes delante de Dios y buscando que Él los bendijera. ¡Qué necio! ¿Por qué quería que Dios fuese el sirviente de mi agenda? Los planes de Dios para mi día superaban con creces los míos. Casi puedo oírlo ahora cuando me levanto, "Wayne, voy a tocar a algunas personas hoy. ¿Te quieres venir conmigo?"

Es increíble cuán sutil es; pero, por eso mismo, es mucho más poderoso. No tengo porqué ir. La obra de Dios no se verá frustrada por mi ausencia. Él los va a tocar de todos modos, pero no me lo perdería por nada del mundo. Dios hace cosas que nunca habría imaginado y me utiliza de una manera que jamás habría concebido. Su enfoque en tocar a la gente, en lugar de gestionar programas, ha revolucionado mi punto de vista del ministerio. No requiere menos participación de mi parte, sino que dirige mi participación de manera que hace que mis esfuerzos sean más fructíferos.

Si nunca has conocido la alegría de vivir simplemente en la aceptación de Dios en vez de tratar de ganarla, los días más emocionantes en Cristo están por venir. Las personas que aprenden a vivir en una relación de verdadero amor con el Dios del universo viven con mayor poder, gozo y rectitud que cualquier otro que viva motivado por el temor de su juicio.

> *Y todo esto procede de Dios, quien nos reconcilió*
> *consigo mismo por medio de Cristo, y nos dio el mi-*
> *nisterio de la reconciliación; a saber, que Dios estaba*
> *en Cristo reconciliando al mundo consigo mismo, no*
> *tomando en cuenta a los hombres sus transgresiones,*
> *y nos ha encomendado a nosotros la palabra de la*
> *reconciliación.*
>
> —2 CORINTIOS 5:18-19

Para tu viaje personal

Pasa unos momentos pensando en qué áreas continúas llevando cuentas en tu relación con Dios. ¿Será en tus equivocaciones? ¿Minutos en oración? ¿Número de conversiones? Si te encuentras a ti mismo haciendo estas cosas, pídele a Dios que te ayude a recibir lo que Él ya te ha dado. Deja de hacer cualquier cosa que estés haciendo para ganar su amor y aprende a hacer lo que haces simplemente porque ya tienes ese amor. Este es un gran cambio de mentalidad que sólo el Espíritu Santo puede producir.

Para trabajar en grupo

1. ¿Qué clase de cosas de las que hacemos tenemos en cuenta para determinar el nivel de nuestra relación con Dios?

2. Cuando se han sentido como si no estuvierais haciendo lo suficiente para Dios, ¿en qué se enfocan por lo general?

3. ¿Han intentado hacer algo grande para Dios? ¿Cómo resultó? ¿Usó Dios eso de todas maneras para tocar algunas vidas? (¿No es sorprendente nuestro Dios?)

4. ¿Qué harían mañana si supieran que Dios los ama completamente y que lo quiere es simplemente compartir sus vidas?

5. ¿Qué barreras ven en sus vidas que los dificultan aceptar el amor que Dios les tiene? Oren juntos para que Dios les muestre cómo superar las barreras.

"Nunca debemos desanimarnos
con nosotros mismos;
no es cuando somos conscientes
de nuestras faltas cuando
somos los más viles: al contrario,
ahí es cuando menos lo somos.
Vemos una brillante luz.
Y recordamos, para nuestro
consuelo, que nunca nos percatamos
de nuestros pecados hasta que
Él comienza a tratarlos."

FRANCOIS FENELON (1651-1715)

Entonces, ¿a Dios no le importa el pecado?

EL PASTOR ME INVITÓ A HABLAR en una congregación de líderes. "¿Nos enseñarías acerca de la gracia? ¡Nuestros líderes lo necesitan realmente!"

El viernes por la noche comencé a poner los fundamentos para poder comprender la gracia de Dios. No les impresionó nada. No se rieron con mis historias ni respondieron a mis preguntas. No sabría decir si desconfiaban de mí o es que eran reticentes al tema. Esperaba que las cosas cambiaran al día siguiente, pero el ambiente continuaba absolutamente igual.

Después de unos momentos de infructuosos intentos para ganármelos, finalmente me detuve. "Permítanme hacerles una pregunta," comencé. "¿Tiene esto algún sentido para alguien de aquí?"

Las miradas vagaban incómodas alrededor del salón, pero se enfocaban especialmente sobre un anciano situado en una esquina. Después de un momento, habló. "Lo que te oí decir es que los jóvenes que vienen a nuestra iglesia no necesitan esforzarse en cumplir con las normas de la misma manera en que yo me esforcé durante toda mi vida."

¡Bien, lo están entendiendo!, pensé. Me aclaré la garganta mientras el anciano hizo una pausa.

"Bueno, te diré una cosa." El ambiente se puso más tenso. "Si piensas que voy a dejarles salirse de esto, ¡estás más loco de lo que pensaba!" Miré alrededor del salón y vi gestos de aprobación. Obviamente yo estaba en minoría.

"Entonces, ¿para qué estoy aquí?," le pregunté al pastor.

"Te lo dije, ¡no entendemos la gracia!"

Y realmente no la entendían. Su seguridad con Dios se basaba en reglas y ritos, a través de los cuales se habían posicionado por encima del resto de la gente y no iban a renunciar a ello. Convirtieron el servir a Dios en su dios y perdieron la oportunidad de conocer al Dios Vivo.

LA TEOLOGÍA DEL "PERO"

Entiendo el dilema, porque yo también lo viví. ¿Quién querría ver a la gente usar la gracia de Dios como excusa para ir tras sus propios intereses sin sentir ninguna culpa? Aceptan el perdón de Dios y una eternidad en el cielo pero siguen viviendo en la misma esclavitud que el mundo que hay a su alrededor. Cuando no queremos repartir "gracia barata" a las personas que no quieren hacer las cosas como a Dios le gusta, nos encontramos construyendo una lista de expectativas para ayudar a definir cómo se comporta un verdadero cristiano.

Es como si pudiéramos mantener intacto el mensaje de la gracia sólo durante los primeros quince minutos de la nueva vida de un recién convertido. Después de eso comenzamos a cargarlo con las obligaciones de ser un buen cristiano. "Por supuesto que somos salvos por gracia, *pero* eso no significa que podamos sentarnos sin hacer nada. Dios es nuestro Padre amoroso, *pero* no nos aprovechemos de eso porque también es un juez severo. No somos salvos por nuestras obras, *pero* aun así necesitamos vivir una vida que le agrade." Esto último generalmente consiste en cierta mezcla de lectura de la Biblia, oración, asistencia a la iglesia y conductas rectas.

Al abrazar esta teología del "pero" terminamos justo donde comenzamos, con una relación con Dios basada en nuestro esfuerzo. Tenemos que vivir diariamente conscientes de si hacemos lo suficiente para ser buenos cristianos y juzgar a los de nuestro alrededor con la misma vara. Esto no sólo te quita el gozo de haber conocido a Dios, sino también cualquier deseo de entablar relaciones con otros.

Cualquier cosa que le añadamos al trabajo de Dios en la cruz hace que distorsionemos el mensaje y le robemos su poder. Pablo dejó claro que solamente la cruz lo transformó completamente. "En cuanto a mí, jamás se me ocurra jactarme de otra cosa sino de la cruz de nuestro Señor Jesucristo, por quien el mundo ha sido crucificado para mí, y yo para el mundo." (Gálatas 6:14).

La gracia no necesita que le añadamos nada. Incluso cuando Pablo advirtió a las personas que usaban su nueva libertad como una excusa para satisfacer la carne y les advirtió que no lo hicieran, sabía que nunca podía cambiarlas añadiendo esfuerzo humano a la gracia de Dios. Él sabía que ese parche se caería en cualquier momento.

Es tan paradójica como verídica la afirmación de Jesús de que salvaríamos nuestras vidas perdiéndolas: vivir en su gracia nos lleva a librarnos del pecado; vivir en su juicio nos lleva a pecar mucho más. Esto siempre ha sido así, a pesar de que desafía la lógica humana. Esto ocurre porque estamos más acostumbrados a ser conforme a presiones externas que a ser transformados por su presencia en nuestro interior. Para muchos, que nunca han experimentado esto, dudan incluso de que realmente funcione.

Pero funciona. Una vez que experimentas a Dios, deleitándose contigo como su hijo y el gozo que produce su amistad, te verás a ti mismo abandonando tus propios deseos y abrazando los de suyos. Por supuesto que deleitarse con nosotros no significa que apruebe todo lo que haces. Sencillamente sabe que sin Él, no puedes luchar contra el pecado y que no importa la fuerza de voluntad que tengas, eso sólo te permitirá aguantar un tiempo antes de volver a ser esclavo del pecado.

Así que a Dios sí le importa el pecado —¡y mucho! El pecado destruye lo que Él ama. Y quiere cambiarte enseñándote cómo vivir amado cada día. Cuando aprendas a reconocer su voz en tu oído y su mano en tu vida, incluso querrás ser más como Él.

LAS CONSECUENCIAS DEL PECADO

Cometemos un error fatal cuando tratamos de forzar la Escritura para poder ofrecer redención a aquellos que quieren ir al cielo, pero no quieren una relación con el Dios Vivo. Intentando ofrecer unos parámetros mínimos de conducta para que puedan ganarse el derecho a la salvación, mientras continúan persiguiendo sus propios intereses, distorsionamos el evangelio, destruimos su poder y le damos a la gente juegos legalistas para darles un sentido falso de seguridad.

De hecho, el Nuevo Testamento no tiene nada que decirle a la gente que quiere la salvación de Dios pero no lo quiere a Él. Las Escrituras son una invitación descarada a vivir como hijos del Padre más increíble del universo. Cuando la aceptas, desearás ser como Él. Descubrirás que el camino de Dios es mejor que cualquier otro que puedas imaginar y querrás tirar tus planes para abrazar los de Él.

La gracia no mitiga las consecuencias del pecado. Pero sí que le permite a Dios perdonarnos para que nuestra relación con Él no se vea obstaculizada por nuestros errores, e impide que el pecado culmine en muerte espiritual. La gracia no anula los efectos temporales del pecado.

Si yo descargo mi ira sobre mis hijos, la gracia no borra el daño que les hago, ni tampoco lo que esto destruye en mí. La persona que se enreda en una conducta inmoral puede verse envuelta en un embarazo o contraer una enfermedad mortal. Si te aprovechas de alguien para tu propio beneficio, puede que le hagas daño. Una víctima de homicidio jamás podrá volver a la vida.

Visto de esta manera, el pecado conlleva su propio castigo. Solía ver el pecado con deseo, lo observaba como un placer prohibido que Dios me negaba para probar mi sinceridad. Podía ver con envidia a aquellos que parecían estar envueltos en él porque yo no lo estaba. Pero el pecado resta lo que Dios realmente quiere hacer en nosotros. Poner nuestra sabiduría y nuestros deseos por encima de los suyos, distorsiona lo que somos realmente y deja un rastro de gente herida tras nosotros.

Nadie que entienda realmente la gracia del Padre pensará que ésta nos permitirá seguir pecando. Lo que sí nos permite es ver nuestras debilidades y equivocaciones a la luz del amor de Dios. La gracia nos anima a invitar al Padre a los lugares más oscuros de nuestros corazones y a pedirle que nos cambie.

Esta es la razón por la que sospecho de aquellos que piensan que el arrepentimiento borra las consecuencias de su pecado, y que la gente debe simplemente perdonar y olvidar. El verdadero arrepentimiento no niega el dolor que le hemos causado a otros, sino que nos hace más bien adueñarnos del mismo. El perdón no sirve para cubrir el pecado, sino que es la razón para ser honestos con nuestros fallos y buscar restituir cualquier daño que nuestros pecados hayan causado a otros.

GRACIA CON UN PROPÓSITO

Aquellos que distorsionan la gracia lo hacen porque la ven sólo como un boleto para ir al cielo. Si la razón por la que Jesús murió en la cruz fue salvarnos del infierno, entonces ¿cómo hacemos que las personas vivan la vida cristiana?

Esta manera de pensar hace que se pierda la clave. Dios no extiende su gracia hacia nosotros únicamente para perdonar nuestros pecados y dejarnos entrar al cielo. Esos son beneficios secundarios, no el objetivo primario. El propósito de la gracia es garantizarnos a diario el acceso a su presencia constante. La gracia nos permite disfrutar de la relación que nunca podríamos ganar por nuestros propios méritos.

Esta gracia no nos capacita para vivir sin pecar, sino que de hecho "nos enseña a negarnos a la impiedad y los deseos mundanos." (Tito 2:12).

Dios sabe que mientras nuestra amistad con Él crece y descubrimos cómo confiar en el hecho de que nos ama completamente, la raíz del pecado es destruida. La gracia no disminuye el deseo de Dios por nuestra santidad sino que arroja luz sobre el proceso. La rectitud no produce relación. La relación produce rectitud.

Esta es la razón por la que Pablo desechaba la rectitud que viene por el esfuerzo humano. La había probado durante la mayor parte de su vida. Sabía que era una mera ilusión de buen comportamiento y que frustraba constantemente a quien la practicaba. Así como la decisión de Adán y Eva de confiar en ellos mismos por encima de su Creador, la rectitud llevaría a Pablo finalmente al fracaso.

Pero cuando Dios le reveló su gracia y le mostró el amor con el que el Padre lo amaba, incluso después de las atrocidades que había cometido, Pablo cambió. Sabiendo que merecía la muerte y que había sido rescatado, entendió que su vida ya no le pertenecía. El verdadero tesoro consiste en conocer a Dios en su plenitud y al Hijo a quien Él levantó de la muerte.

El poder de la cruz había abierto una amistad eterna entre el Padre y él. En la medida en que aprendió a confiar en ese amor, Pablo vio su vida cambiaba. Los apetitos de la carne fueron disminuyendo y se encontró a sí mismo actuando en maneras que le sorprendían tanto que no se atrevió a otorgarse el merito.

Pablo se refirió a su nuevo comportamiento como la rectitud que proviene de confiar en Dios, y supo que era exactamente lo opuesto a la rectitud que las obras habían provocado en él. Una vez que probó el estilo de vida que producía la confianza, nunca quiso regresar a sus viejos caminos.

Vivir en la transformación que esa confianza produce es el verdadero reto. Cuando te veas a ti mismo hablando tranquilamente en momentos en los que la ira solía hacer acto de presencia, o te veas perdiendo el interés por algo que antes te volvía loco, o te veas sacrificando sin pensártelo dos veces algo que atesorabas con cariño, entonces sabrás lo que Pablo sabía.

Esta es la rectitud que sólo Dios puede producir. Pruébala una sola vez y nunca estarás satisfecho con menos que eso.

> *...Y ciertamente, aun estimo todas las cosas como pérdida por la excelencia del conocimiento de Cristo Jesús, mi Señor, por amor del cual lo he perdido todo, y lo tengo por basura, para ganar a Cristo, y ser hallado en él, no teniendo mi propia justicia, que es por la ley, sino la que es por la fe de Cristo, la justicia que es de Dios por la fe.*
>
> —FILIPENSES 3:8-9

Para tu viaje personal

¿Tienes la falsa idea de que la gracia disminuye tu pasión por la rectitud, o te más hambriento de la rectitud que nace de confiar en Dios? Si es lo primero, pídele a Dios que te acerque a Él para que tu amor produzca un deseo de ser como Él. Además, piensa en los momentos en los que antepones la rectitud a la relación, pensando que tus esfuerzos te hacen más aceptable ante Dios. Pídele que te enseñe lo que significa confiar en Él en las situaciones que, actualmente, están provocando tensiones en tu vida.

Para trabajar en grupo

1. Cuenten algunas experiencias de cómo el Padre les ha enseñado a confiar en Él cuando han estado al final de sus fuerzas.

2. Lean Romanos 8:31-32 y dialoguen sobre cómo la cruz garantiza que el Padre los ama en medio de cualquier circunstancia que estén enfrentando hoy.

3. Aun a pesar de que la advertencia, "sólo necesitas confiar más en Dios," es cierta, ¿por qué éste es el peor consejo que le podemos dar a alguien en medio de una crisis?

4. Mediten sobre el hecho de porqué ayudamos mejor a alguien cuando somos capaces de comprender por lo que está pasando. ¿Cómo podemos apoyar a la gente en su viaje cuando Dios está haciendo cosas en sus vidas que ni ellos ni nosotros podemos entender?

5. Pídanle a Dios que les enseñe cómo caminar en esta confianza en las situaciones cotidianas de la vida.

"Una vez que Dios es conocido como Padre, todos los métodos para obtener seguridad, prosperidad y confianza del mundo se convierten en esclavitud inservible. Si uno conoce a Dios como Padre debe tener seguridad acerca de todas las cosas."

DAVID BOAN Y JOHN YATES,
MANUSCRITO INÉDITO

Una vida para aprender a confiar

EL MECÁNICO HABÍA ESTIMADO que la reparación de mi auto rondaría los 300 dólares. Imagínense mi sorpresa cuando fui a recogerlo y me dijo, "son $18.75"

Lo miré desconcertado por lo que había oído y simplemente le sonreí. Repetí sorprendido el precio que me dio. "¿Qué pasó?"

"No era lo que pensábamos. Encontramos una conexión suelta y la apretamos."

Habiendo visto tantos informes de mecánicos sin escrúpulos, esperaba que todos me trataran de engañar. He llevado mi auto muchas veces para un cambio de aceite de 30 dólares y después me han cobrado 400 dóares por reparaciones, que nunca estuve seguro de que realmente fueran necesarias. Nunca había sucedido al revés, que me hubieran dicho un precio y terminara pagando menos.

Esa fue mi primera visita a ese mecánico, pero con toda seguridad no sería la última. Al demostrar su integridad cuando pudo fácilmente aprovecharse de mí, se ganó mi confianza. Salí del taller convencido de que finalmente había encontrado un mecánico honesto y, mientras viviera, él sería el único mecánico al que le permitiría tocar mis autos.

Un simple acto de integridad afirmó mi confianza en este hombre y nunca me decepcionó.

Dios quería afirmar nuestra confianza de la misma manera pero a una escala muchísimo mayor. Al tomar nuestro pecado en Él mismo y destruirlo a costa de su propia vida, nos mostró hasta dónde llega su amor por nosotros. Ese acto proveyó una fuente de confianza para nosotros tan constante como Él es. Nunca más podríamos dudar de sus intenciones hacia nosotros sin importar lo que suceda.

¿CONFIAR O NO CONFIAR?

La mayoría de las lecciones que hemos recibido para aprender a confiar han sido increíblemente dolorosas. ¿No hemos sido todos decepcionados por personas que pensábamos nos tratarían justa o compasivamente? Probablemente has experimentado la traición de personas a las que considerabas buenos amigos simplemente porque ya no cubrías sus necesidades o deseos.

A través del curso de la vida aprendemos a ser cautelosos con la gente, sabiendo cuán poco fiables son realmente las personas. Esto puede sonar muy gastado, pero Jesús también vivió de esa manera. Él no confiaba en nadie, porque sabía lo que había dentro de la gente (Juan 2:24). Con toda seguridad, nuestros intentos de confiar en otros serán frustrados con frecuencia. Por este motivo, Dios nunca quiso que confiáramos en otros, quería que amáramos a los demás, pero que sólo confiáramos en Él.

Aprender a confiar en Él también puede ser una lucha. En mi viaje espiritual, con frecuencia me he desilusionado al confiar en Dios. Parece tan fácil cuando nuestras circunstancias son placenteras, pero las circunstancias dolorosas e insoportables vienen a aplastarnos. A veces parece que no atiende nuestras más ardientes oraciones. ¿Quién no ha confiado en Dios para que hiciese algo y vio cómo le fallaba? ¿Cómo pueden esos momentos enseñarnos a confiar?

¡Curiosamente, lo hacen! Solía pensar que sentirme desilusionado por Dios era pecaminoso, pero he aprendido que es una valiosa fase del proceso. Al estar desilusionado con Dios significaba que tenía ilusiones acerca de Él. Lo cierto es que nunca ha dejado de amarme, a pesar de que lo pareciese. No hizo lo que yo esperaba, no porque me amara menos, como yo temía, sino porque su manera de solventar mis necesidades supera la mía. ".mucho más abundantemente de lo que pedimos o entendemos", es como Pablo lo expresó (Efesios 3:20).

Mirando hacia atrás pienso que confiaba en Dios para que hiciera mi vida más fácil, para que proveyera lo que yo quería y me mantuviera lejos de cualquier experiencia dolorosa. Pero, ese no era su plan para mi vida, ¡de ninguna manera! Él quería imprimir su gloria en mí; convertirme en un hombre que pudiera reflejar su imagen ante un mundo caído. Así que rara vez lidió con mis circunstancias de la manera que yo quería, y al no aceptar el modo en el que me estaba amando, mi confianza disminuyó. Mientras nuestra confianza en Dios esté basada en las circunstancias (y en nuestra mala interpretación de las mismas), ésta cambiará como cambia el viento.

A través de la cruz, Dios proveyó una vía para que confiáramos en Él, una vía que trasciende nuestra actitud e intelecto. Una vía que es capaz de llevarnos, sin dudar de su amor, a través de las circunstancias más oscuras, incluso a de poder descansar en ese amor en dichas circunstancias.

APRENDIENDO EL LENGUAJE DE DIOS

Hace años, viajé por Francia durante un mes, mientras daba conferencias. Por lo general me quedaba en casas donde nadie hablaba mi idioma. Fue frustrante estar tan cerca de algunos de los tesoros de Dios sin poder entender sus historias.

Me he sentido así en mi viaje con Dios. Con frecuencia no tengo idea de qué está tratando de decirme, o qué está tratando de hacer en mi vida. Me siento más cómodo con el lenguaje del esfuerzo humano y la ansiedad, que de lo que lo estoy con Él con el lenguaje de la confianza. Pero este es un tesoro que no voy a perderme, no importa cuán duro sea aprenderlo.

Confiar en el amor del Padre simplemente significa que cada día, en cada circunstancia puedas descansar, seguro de que Dios conoce quién eres, de que cuida más profundamente de ti de lo que tú lo haces y de que es capaz de forjar su gloria en ti.

Cuando confías en Él, colaboras con el trabajo que está realizando en ti y a tu alrededor. Confiar no es caminar sin esfuerzo a través de la vida asumiendo que todo lo que pasa debe ser la voluntad de Dios. Más bien, es un compañerismo activo que crece desde tu relación con Él. Sin esto lo que muchos llaman confianza es simplemente una versión cristiana del fatalismo o la complacencia.

Cada vez que hablo sobre de la confianza, siempre surge esta pregunta: "¿Eso significa que no tengo que hacer nada y que Dios lo hará todo?" Hemos sido tan adoctrinados a confiar en nuestros propios esfuerzos que no podemos ver nada más allá de eso. Equiparamos confiar en Dios a no hacer nada porque sabemos que la mayor parte de lo que hacemos está motivado por el hecho de pensar que Él no está haciendo nada.

Confiar en Dios no lleva al letargo ni nos provee una excusa para ser flojos. Aquellos que han aprendido a confiar en Dios, descubrirán cómo participar activamente con Él en el trabajo que está haciendo. Aun a pesar de que Pablo nos advirtió en contra de confiar en nuestros propios esfuerzos, nos mostró que cooperar con Dios puede ser costoso. "Con este fin trabajo y lucho fortalecido por el poder de Cristo que obra en mí" (Colosenses 1:29).

La diferencia es tremenda. Durante muchos años pensé que sabía lo que Dios quería con mi vida y lo perseguía con pasión. Otros me animaban, pensando también que eso era lo que Dios quería.

La mayor parte de ese ideal, sin embargo, era motivado por mis propias inseguridades y la necesidad de tener éxito. Sin importar cómo lo hiciera parecer, llamándolo promesa de Dios o pensando que mi éxito beneficiaría al reino de Dios, Él nunca me ayudó a seguir mis propios planes.

Intentar que sucediera por mis propios esfuerzos me llevó a quemarme y a la frustración. Mientras mi confianza en Él ha crecido y veo con más claridad lo que quiere completar en mí y a través de mí, me veo a mi mismo deseando ir ese kilómetro extra en lo que Dios me pide que haga. Cuando estoy dentro de su plan, encuentro, al igual que Pablo, que esto me da un poder mayor que el mero esfuerzo humano. Me permite hacer las cosas con su fuerza, con lo cual no llego a quemarme.

Cuando Jesús le decía a las personas "¡Arrepiéntanse y crean!" el evangelio, no les estaba pidiendo que se lamentaran por sus pecados y se sumasen a una teología ortodoxa. Les estaba pidiendo que dejaran a un lado sus propios planes y abrazaran los suyos. Esa es la invitación al Reino. No se trata de si queremos ir al cielo o al infierno, sino si queremos confiar en Dios o continuar confiando en nosotros mismos.

Para conseguirlo, nos enseñará a reconocer su presencia entre nosotros. Nos enseñará a entender su corazón y a cómo hacer confiadamente su voluntad. Pero el plan para esto no está donde esperarías que estuviese.

LA VIDA AL FINAL DE TUS FUERZAS

Jesús parecía pensar al revés de todo el mundo. "Benditos sois cuando estáis al final de vuestras fuerzas. Con menos de ti hay más de Dios y de su Reino" Así traduce Eugene Peterson la primera bienaventuranza en *El Mensaje*, y pienso que capta a la perfección la esencia de la misma.

Nunca he escuchado a nadie ponerse en pie ante una congregación y decir, "sé que hoy estoy realmente bendecido porque me quedé sin opciones. Lo perdí todo y estoy al final de mis fuerzas, no me queda nada en lo que apoyarme." No creemos que alguien así este bendecido. Pensamos que esa persona está necesitada. Nos consideramos bendecidos cuando nuestras necesidades están satisfechas y no hay nubes oscuras en el horizonte. ¡Pero estamos equivocados!

Los autores del Nuevo Testamento se hacen eco de las palabras de Jesús. Todos ellos nos dicen que podemos regocijarnos en nuestros momentos más difíciles porque Jesús hará cosas en esos tiempos que nunca le permitiríamos hacer cuando todo va bien. No nos dijo que nos regocijemos por los tiempos malos, sino *en ellos*, porque puede convertir nuestro dolor en su gloria.

La verdad es que nuestra confianza sólo crece en momentos difíciles. Si podemos hacer algo por nosotros mismos, ¡pues lo hacemos! Si estamos seguros de que podemos arreglar las cosas, no vamos a escuchar a Dios. Si tenemos suficiente dinero, tiempo, energía, talento —o conocemos a otros que lo tengan— intentaremos eso primero.

Llevarnos al final de nuestras fuerzas es realmente llevarnos al fin de nosotros mismos. Esa es la razón por la que nos llama "bienaventurados" en esos momentos. Mientras contemplo las temporadas de descanso y refrigerio que Dios le brinda a mi vida, me doy cuenta de que sólo al enfrentar mis propias incompetencias y la banalidad de mis propios deseos, puedo entonces experimentar realmente la gloria del Reino de Dios. No llegamos fácilmente a esos momentos, pero cuando finalmente nos rendimos y dejamos de tratar de salvarnos a nosotros mismos, es entonces cuando probamos su inconmensurable gloria.

A lo largo de este viaje notarás que cada cosa buena que él ha impreso en tu corazón aflora en los tiempos más difíciles. No creo ni por un minuto que Dios planifique esos malos momentos; vivir en un mundo caído nos brinda suficientes oportunidades. Lo que me sorprende es cómo Él utiliza los momentos más dolorosos para conseguir su propósito. Incluso lo verás utilizar la maldad de otros con el fin de purificar tu corazón y enseñarte a depender aún más de Él.

Mucho del plan para este viaje descansa en esas circunstancias que le ruegas a Dios que cambie. Este viaje es más doloroso de lo que puedas imaginar y también tiene más sorpresas de las que puedes esperar. No creas que es un camino amplio, porque no lo es. Encontrarás que aún tus mejores amigos en Cristo pueden no entender los lugares más difíciles en tu viaje. Pero confía en que Él te llevará a través de todos estos momentos. Al hacerlo te hará un poquito más como Él.

No sé si alguna vez llegaremos a sentirnos cómodos al final de nuestras fuerzas, pero al menos no tenemos que volver a temer o pensar que Dios nos ha abandonado.

MÁS ALLÁ DE TUS FALLOS

Recientemente un amigo mío perdió su trabajo y está buscando activamente otro. Una mañana me dijo que acababa de perder la oportunidad de conseguir un trabajo fantástico y que habían seleccionado a alguien mucho menos calificado que él.

Conociendo el deseo de mi amigo de vivir la vida conforme a la voluntad de Dios, le pregunté si creía que algo le hubiera podido impedir conseguir ese trabajo si Dios lo hubiera querido para él. "Si hubiese hecho algo malo, me imagino que eso me hubiera hecho perderlo", me respondió.

"¿O sea, estás diciendo que piensas que Dios no está por encima de tus errores?"

Este es un concepto erróneo que tenemos muchos de nosotros. Si nuestra libertad para confiar en Dios descansa en nuestra habilidad de hacerlo todo bien, entonces realmente volvemos a confiar en nosotros mismos, ¿no es cierto? Si Dios no es más grande que nuestras equivocaciones al intentar aprender a caminar con Él, deberíamos rendirnos ahora mismo.

¡Pero Dios es más grande! Esta es la lección que le enseñó a Pedro la noche en que cometió el error más grande de su vida. Jesús le dijo lo que sucedería, pero Pedro estaba seguro de que era lo suficientemente fuerte para soportar cualquier amenaza a su relación con el maestro.

¿No has deseado nunca que Jesús enviara a Pedro a su casa, diciéndole que cerrara las puertas, se ocultara bajo las sábanas y esperase hasta la mañana del domingo? Jesús ni siquiera intentó detener a Pedro para que no le siguiera a casa de Caifás donde traicionaría a su amigo.

Lo que es más sorprendente es que aun antes de que Pedro fallara, Jesús ya había orado por ello. "Pero yo he rogado por ti para que tu fe no falle; y tú, una vez que hayas regresado, fortalece a tus hermanos" (Lucas 22:32). Por favor entendamos lo que Jesús está haciendo aquí. Él ya ha considerado el error de Pedro antes de que lo cometiera. Jesús sabía algo que Pedro no sabía. Pudo salvarlo de la angustia, pero quiso que Pedro llegara al final de sí mismo y aprendiera que no podía confiar en su propia habilidad para seguir a Jesús.

Sospecho que esta fue la lección más dolorosa, pero también la más gozosa que Pedro jamás aprendió. Donde hubo menos de Pedro, había más de Dios y de su gobierno. No pienses ni por un momento que los errores que cometes al aprender a vivir en el amor del Padre te excluirán de su mesa. Dios es capaz de trabajar en ti y a través de ti a pesar de aquello de lo que carezcas.

Sabe que aprender a vivir confiando en su amor en medio de la realidad de la vida diaria, es la cosa más difícil que jamás aprenderás.

UN VIAJE PARA TODA LA VIDA

Uno de mis amigos estaba atrapado por el perfeccionismo. Cuando hablábamos sobre la gracia, él deseaba creer en ella, pero siempre se mantenía tan consciente de sus propios defectos que no podía permitirse confiar en Dios hasta que se comportara mejor.

Pero un día Dios usó un hobby de mi amigo para darle una lección sobre la gracia. A este amigo mío le encanta trabajar la madera y hacer decoraciones para su casa. Lo vio claramente cuando se dio cuenta de cuán diferente veían su esposa y él ese hobby. A ella le encantaba el producto terminado y se deleitaba cuando finalmente estaba en su sitio, adornando su casa. Él, sin embargo, disfrutaba mucho más el proceso de hacer el mueble o el ornamento. Amaba agarrar una tosca pieza de madera y darle forma. Una vez terminada, comenzaba a pensar qué otra cosa haría después. "Finalmente me di cuenta de que Dios no sólo desea ver el producto final, sino que de hecho, disfruta con el proceso."

Mi amigo estaba en lo correcto. Dios disfruta encontrarse esclavos del pecado llenos de miedo, y enseñarles como vivir como hijos e hijas amados. Sabe cómo ir quitando capas de egoísmo y vergüenza para labrar su imagen en nosotros.

Por esta razón el autor de Hebreos llamó a Jesús el Autor y Consumador de nuestra fe. Comenzó el trabajo en la cruz y con muchísimo cuidado nos ha ido tallando, lijando y barnizando hasta que convertirnos en el tesoro que soñó en su corazón al principio de los tiempos.

Es un proceso que controla de principio a fin, y es un viaje que durará toda la vida. No puedes hacer que ocurra, pero si puedes escoger colaborar con Él y abrazar el increíble proceso que usará para producir su gloria en ti.

> *Puestos los ojos en Jesús, el autor y consumador de la fe, el cual por el gozo puesto delante de él sufrió la cruz, menospreciando el oprobio, y se sentó a la diestra del trono de Dios.*
> —Hebreos 12:2

Para tu viaje personal

¿En qué momentos has sido llevado hasta el fin de tus propias fuerzas? ¿En qué áreas Dios está exponiendo la debilidad de tus propias fuerzas y la insensatez de tu propia sabiduría? Abandona la idea de que tus errores fueron los que te llevaron a encontrarte en este tipo de situaciones, porque realmente es el increíble trabajo de Dios llamándote a confiar más en Él de lo que lo hayas hecho en el pasado. Pídele a Dios que te enseñe cómo abandonar tu autosuficiencia y aprender a confiar en Él. Entonces haz lo que sea que esa confianza en el amor de Dios te lleve a hacer y aprende a ignorar las voces de tus ansiedades y temores.

Para trabajar en grupo

1. Dialoguen acerca de la gracia. Cómo la entendían antes y después de leer este capítulo.

2. ¿Qué cosas han ido añadiendo a la gracia? ¿les han funcionado?

3. ¿Cuál es su visión del pecado, un placer prohibido o una presencia destructiva?

4. Cuenten un incidente en el que experimentaron que la rectitud había crecido de manera natural al aprender simplemente a confiar en Dios en vez de confiar en ustedes mismos.

5. ¿En qué situaciones se ven a ustedes mismos poniendo las exigencias de la rectitud por encima de las alegrías de la relación? Oren para que Dios les ayude a invertir este proceso y a aprender a deleitarse en Él.

"Cuando te hagas completamente dependiente de la vida de Cristo... nunca serás tan libre de no confiar en ti mismo como para ser un bocazas arrogante, y al momento siguiente la víctima de tu propia autocompasión —de cualquier manera, siempre bajo la atadura del temor al qué dirán."

20

Mayor Ian Thomas,
La Vida Salvadora de Cristo

Desvergonzadamente libre

SE VISTE CON MUCHOS DISFRACES, de manera que no siempre es fácil reconocerla.

Te ayudará a enorgullecerte de tus logros y a excusarte por tus equivocaciones.

Te puede convertir un simple don de Dios en un sentimiento de superioridad; y después, al primer síntoma de problemas, hundirte hasta la inferioridad más profunda.

Te puede cautivar a través de los elogios de otros y hacerte sentir rechazado por la crítica más genuina.

Te puede hacer perseguir una ilusión ferozmente, por un éxito que nunca te satisface y paralizarte completamente con el temor al fracaso.

Te permitirá asumir la autoría de las cosas buenas que no te mereces y culpar a otros cuando llegan los tiempos difíciles.

En un minuto te puede saturar de auto-justificación y al instante siguiente abrumarte con la autocompasión.

La vergüenza es la desafortunada herencia de la humanidad cautiva por el pecado. Naciste con ella susurrándote al oído. Hasta que no te libres de ella en el amor del Padre, al igual que se extiende un cáncer, irá hundiendo sus tentáculos en todo lo que piensas o haces.

Qué horrible carga es medir nuestro valor por lo que hacemos y por cada palabra que dicen sobre nosotros. Mientras la escuches, la vergüenza devorará tu energía y te mostrará una perspectiva distorsionada del trabajo de Dios en ti y en aquellos de tu alrededor. Desde el día en que Adán se cubrió por vergüenza con aquellas bastas hojas de higuera, caemos a lo más bajo cuando seguimos su consejo o tratamos de ocultar su presencia.

Pero cuando encuentras tu seguridad en el asombroso amor de Dios, su voz es desenmascarada. Ya no tienes que volver a caer en su juego, lamentándote por lo que otros piensen. Entonces, realmente sabrás lo que es vivir sobre la tierra como hijo e hija de Dios.

UN PUNTO DE PARTIDO PARA JESÚS

Era un jugador de fútbol americano muy valorado por un equipo profesional. Los medios de comunicación le estaban haciendo un examen exhaustivo. Se había destacado por su talento, pero su rendimiento deportivo había sido decepcionante. La gente comenzaba a creer que lo había sobrevalorado. Esa tarde había fallado dos veces al intentar marcar y sabía que los medios hablarían sobre el pobre rendimiento de aquel día. Pero en un instante, durante el tiempo añadido, interceptó un pase y corrió para anotar el tanto ganador.

Cuando el partido acabó, los periodistas deportivos, a micrófono cerrado comenzaron a celebrarlo, y el jugador con una gran sonrisa gritó, "sólo quiero agradecerle al Señor Jesucristo el darme la oportunidad de probarme a mí mismo. Sentí como si Él me hubiese dicho que tenía la fe suficiente para hacer que esto ocurriera".

Mientras celebraba su éxito, yo lamentaba su teología. Él cubrió su propia vergüenza al jactarse de que su tanto validaba su fe. ¿Puedes imaginarte lo que vive cada día si liga su confianza en Dios a su rendimiento en el campo de fútbol?

A veces me apena cuando escucho a los deportistas profesionales hablar de Dios. Lo que dice la mayoría nos muestra a Dios como un dios del éxito, que recompensa con la victoria al que tiene fe. Alguien a quien respeto mucho, afirmó que su victoria en la final del Super Bowl (final del campeonato profesional de la Liga Nacional de Fútbol Americano) fue consecuencia de su obediencia a jugar para cierto equipo. ¿Y qué ocurre con aquellos hombres a quienes Dios ha llamado a jugar con el equipo que perdió el partido? ¿fue menor su obediencia, o sus vidas menos valiosas para Dios? Otros atletas han dicho que Dios recompensa a aquellos que ganan y le dan la gloria a Él. ¿Es por eso que vemos a personas arrodillándose en la zona de anotación y reconociendo a Dios después de marcar un tanto, y enfadándose cuando fallan o son hostigados por un jugador del equipo contrario?

Realmente no podemos culparlos. Para obtener el máximo galardón de una competición deportiva, estos hombres y mujeres han aprendido a vivir con base en los logros alcanzados por su esfuerzo. Han sido entrenados para medir su mérito por su éxito, porque así es como lo miden todos los que tienen alrededor. Obviamente, tienen mucho que ganar a ese nivel deportivo, pero puede provocarles una gran distorsión de valores.

Observa una competición de alto nivel y verás que alcanzar la victoria es terriblemente alentador y obtener la derrota terriblemente desmoralizador. Más que campeonatos podríamos llamarlos "pasaportes a la tierra de los maniacos-depresivos". No existen términos medios. John Madden, el respetado analista deportivo hizo esta afirmación sobre los deportes profesionales: "la altura de la victoria nunca iguala a la profundidad de la derrota". Incluso convertirse en el segundo mejor del mundo, obliga al equipo a llevar la vergüenza y a sufrir meses de culpabilidad y decepción. Hasta los seguidores se contagian de las mismas actitudes de superioridad o vergüenza.

Por favor no interpreten esto como una acusación contra los deportistas profesionales, porque realmente a todos nos pasa lo mismo. Es sólo que ni nuestros mejores momentos ni los peores se retransmiten por televisión.

LA VIDA BASADA EN LA VERGÜENZA

Todos hemos sentido el perverso poder de la vergüenza cuando hemos sido abochornados por algo que hicimos o algo que alguien ha dicho. Nuestro rostro se sonroja, nuestras entrañas se contraen y queremos que nos trague la tierra. Pero es mucho más que eso.

La vergüenza nos dice que nadie nos amaría si realmente supiera en lo que hemos estado involucrados en el pasado o si conociera las tentaciones, dudas y motivaciones que aún salen a nuestra superficie. ¿No hay cosas que esperas que jamás nadie averigüe de ti?

Así que, pretendemos ser cualquier cosa que creemos que nos va a hacer sentir incluidos y no nos damos cuenta de que a todo el mundo le pasa lo mismo. Cuando alguien me pide ayuda para lidiar con un pecado o tentación y casi siempre comienza su confesión con la siguiente frase: "Sé que probablemente nadie más lucha con esto, pero…" Por lo general, la vergüenza nos impide ser lo suficientemente auténticos como para darnos cuenta de que los demás tienen nuestras mismas luchas.

Sentirnos inferiores es sólo una cara de la vergüenza. Aquellos que actúan con superioridad y se jactan de sus logros también actúan bajo la vergüenza. Estos comportamientos sólo son una máscara para ocultar un profundo sentimiento de inadecuación personal, en estos casos a costa de otras personas.

Todo esto nos hace fácilmente manipulables. Nuestros deseos de ser queridos, de encajar, y de no ser avergonzados son las herramientas que el mundo utiliza para presionarnos y moldearnos. Además es lo que con frecuencia, nosotros mismos usamos para obtener lo que queremos de los demás. La mayor parte de la publicidad apela de una u otra manera a estos deseos.

La religión institucionalizada también puede ser maestra de su uso. Cuando la gente quiere que hagamos algo por ellos, nos presionan con base en sus propias necesidades para conseguir que respondamos. La vergüenza hace que nos sea imposible decir "no" y le da poder a la murmuración. Amenaza con humillarnos y/o rechazarnos si no nos sometemos a lo que otros quieren, y promete aprobarnos y afirmarnos cuando obedecemos.

Desde muy temprano aprendemos este patrón. A los niños con frecuencia se les hace sentir que son amados y apreciados en la medida en que satisfacen las expectativas de sus padres. Luego, cuando los hijos comienzan a tomar más en cuenta la opinión de sus amigos que la de sus padres, es irónico que a los padres les sorprenda tanto. Es el mismo uso de la vergüenza.

El miedo a "lo que piensen otros" puede tanto frenarnos de hacer lo que sabemos que es correcto, como empujarnos a hacer cosas que terminan haciéndonos daño.

Recuerdo cuando tenía once años, recibí un pin bañado en oro por haber asistido durante dos años consecutivos sin faltar a la escuela dominical. La afirmación que recibí por mi logro y el aplauso de todos los adultos en la congregación fue como una bebida embriagadora. Me hizo sentir superior a otros que no habían estado tan comprometidos y me lanzó, durante la mayor parte de mi viaje espiritual, a una búsqueda frenética de ese brebaje.

Pensaba que esa sed era mi amiga y me ayudaba a acercarme más a Jesús, sin darme cuenta que por casi treinta años fue mi carcelera, empujándome a alcanzar las expectativas de los demás. Jesús no quiso usar mi vergüenza para impulsarme a hacer grandes cosas, lo que quería era liberarme de ella.

VIVIENDO LIBRE DE VERGÜENZA

El relato siempre me ha maravillado. Una mujer cuya reputación de pecadora era bien conocida en su comunidad, entró en la casa de un fariseo, mientras un grupo de ellos estaba compartiendo una comida con Jesús. Ella se abrió camino alrededor de la mesa hasta que lo encontró, y entonces rompió un frasco de perfume caro derramándolo sobre sus pies y los lavó con su cabello.

¿Cómo pudo haberse atrevido a ir a casa de aquellos que la despreciaban tanto? ¿Y cómo pudo haber tocado a Jesús de esa manera cuando seguramente todos en la habitación malinterpretarían su acto de amor? ¿No debería haber sentido vergüenza como para no mostrar su cara en ese lugar? ¡Tú pensarías de esa manera, pero no! Obviamente ella había sido profundamente tocada por Jesús, sus pecados habían sido perdonados, y ahora la única cosa que importaba en esa habitación llena de miradas de desaprobación, era la mirada de cariño que vio en los ojos de Cristo.

Lo que comenzó en el huerto —nuestra sensación de vergüenza— desaparece ante la presencia de Jesús. La mujer fue liberada de la opresiva necesidad de preocuparse acerca de lo que otros pudieran pensar de ella y fue capaz de hacer, simplemente, lo que deseaba hacer. Descubrir cuánto te ama el Padre te hará, cada vez, más libre para caminar sin vergüenza, delante de Él y de los hombres. A pesar de que la vergüenza frena a la gente de pecar cuando están bajo la ley, en Cristo la vergüenza ya no tiene ningún propósito.

Debido a que tu pecado fue llevado a la cruz por Jesús, no hay absolutamente ninguna condenación o culpa para nadie que vive en él. Puedes disfrutar del milagro de la cruz cada día. Puedes estar con el Padre tal cual eres, aun estando en el proceso de transformación, sin tener que esconder nada. Puedes compartir con Él tus secretos más oscuros mientras aprendes a caminar libre de ellos. Él sabe que no puedes arreglarlos por ti mismo y sólo espera que lo reconozcas y le pidas su ayuda.

Mientras te enseña a cómo caminar junto a Él sin avergonzarte, te descubrirás a ti mismo caminando libre de vergüenza ante el mundo. Habiendo sido intimidado, por la vergüenza toda tu vida sin haberte dado cuenta, te sorprenderás cómo cambia tu vida en su ausencia.

Este es un increíble regalo que Dallas Willard expresó en *La Divina Conspiración*:

> *¿Te gustaría no tener la necesidad de que otros te elogien, y no sentirte paralizado y humillado por el desagrado y la condenación de los demás? ¿No te gustaría además tener la fortaleza y el entendimiento que te permitiera, de manera sincera y natural, bendecir a aquellos que te maldicen —o te engañan, despidiéndote del trabajo, escupiéndote en una confrontación, riéndose de tu religión o cultura, o aún matándote?*

Aquellos que ya no están bajo la influencia de la vergüenza, finalmente viven vidas auténticas —iguales por fuera que por dentro. Es un alivio tremendo ser conocido exactamente por quien eres, permitiéndole a la gente que conozca tanto tus fortalezas como tus debilidades. La gente libre de vergüenza antepone la realidad sobre la imagen, la sinceridad sobre la pretensión y la honestidad sobre la falsedad. Admito que hay que pagar un precio por ser auténticos en un mundo perdido mientras, los demás tratan de aprovecharse de ti. Pero no he conocido a nadie que habiendo vivido de esa manera haya regresado a la tierra de la pretensión.

SIN NINGUNA REPUTACIÓN

He sido esclavo de mi reputación casi toda mi vida y eso ha sido una carga muy pesada. Lo vi por primera vez en mi vida durante una conversación con una amiga. Me había pedido que le escribiera una carta explicándole mi papel de mediador en una disputa entre su socia de negocios y ella. Comenzaron el negocio por su estrecha amistad y ahora ya no podían seguir trabajando juntas. Como no se ponían de acuerdo sobre cómo dividir el negocio me pidieron ayuda. Les dije de entrada que probablemente no podríamos encontrar una solución que nos pareciera justa a todos, pero que quizás podríamos encontrar una, en la cual se sintieran de igual modo engañadas. Después de unas horas de estudiar juntos algunas opciones, finalmente llegamos a la solución.

Seis meses después, mi amiga me llamó diciendo que su socia estaba diciendo a sus amigos cómo había sido despedida de su negocio con engaños. Quería que escribiera una carta, en la que probara que estaba mintiendo.

"Estoy dispuesto a hacerlo, Jill," le dije por teléfono, "pero primero déjame decirte algo para que lo consideres. Esto podría ser una oportunidad para morir a tu reputación." Mientras las palabras salían de mi boca me recuerdo sacudiendo mi cabeza sorprendido de lo que le acababa de decir.

Cuatro años antes yo también había sido víctima de algunos rumores difundidos, contra mí y mi familia, por aquellos que querían desacreditar mi ministerio. Preparé respuestas a sus mentiras, pero cada vez que lo hacía, Dios me alentaba a no enviarlas. "Quiero que desistas de defender tu reputación y que me la confíes a mí," fue todo lo que me dijo. Recuerdo que Jesús mismo se hizo alguien sin reputación. Esta fue la época más dolorosa de mi vida. ¿Cómo podría animar a alguien a un proceso similar?

Pero esa mañana, caí en cuenta de cuánto había trabajado la libertad del Padre en mí esos cuatro años. Si la gente malinterpretara mi ministerio o creyera las mentiras sobre mí, eso era asunto de Dios, no mío. Mi trabajo era simplemente hacer lo que Dios me pidiera, sin la horrible necesidad de defenderme a mí mismo y de esforzarme por agradar a los demás. Ahora yo podía disfrutar de los frutos de su libertad.

Quería que Jill experimentase lo mismo, a pesar de que en ese momento estaba impactada por mi consejo. Le conté mi historia y terminé con estas palabras, "Jill, mientras tengas que defender tu reputación eres esclava de cualquiera que quiera mentir acerca de ti. Aquellos que te conocen suficientemente bien, no necesitan una carta; y aquellos que no, no creerán la carta de todas formas."

Nunca escribí la carta y Jill descubrió el increíble gozo de vivir libre de las opiniones de los demás. Sé que fue doloroso, pero cuando sepas que el Padre te ama completamente y que tu reputación está segura en sus manos, nunca más tendrás que buscar la aprobación de los demás.

Esa libertad no sólo será una de las más grandes bendiciones del viaje, sino que además es la llave para amar a otras personas de la misma manera en que te amas a ti mismo.

> *¡Al único Dios, nuestro Salvador, que puede guardarlos para que no *caigan, y establecerlos sin tacha y con gran alegría ante su gloriosa presencia, 25 sea la gloria, la majestad, el dominio y la autoridad, por medio de Jesucristo nuestro Señor, antes de todos los siglos, ahora y para siempre! Amén.*
>
> —JUDAS 24-25

Para tu viaje personal

Pregúntale a Dios cómo los comportamientos basados en la vergüenza se manifiestan en tu relación con él. Búscalo para identificar donde el orgullo, el juicio, la murmuración, la autocompasión y la preocupación acerca de lo que otros piensan de ti están ocasionando que vivas controlado por la vergüenza en vez de vivir para él. También pídele que te revele todas las áreas donde la vergüenza está dañando tus relaciones con otros. Pídele a Dios que te lleve lo suficientemente cerca de él como para que ya no necesites vivir bajo el yugo de la vergüenza.

Para trabajar en grupo

1. Cuenten algunas de las formas en las que ven cómo trabaja la vergüenza en sus vidas.

2. ¿De qué manera la ocultan?

3. ¿Cómo serían sus vidas y su amistad si se preocuparan más por lo que piensa el Padre que por lo que piensan los demás?

4. Todos hemos escuchado miles de veces la voz de la vergüenza en nuestras cabezas. Dedíquenle unos minutos a identificar algunas de las cosas que Dios piensa de ustedes y quiere que sepan.

*"La gracia no existe
para hacernos tener éxito.
La gracia de Dios exist
 para mostrarle a la gente
un amor como ningún
otro que hayan podido
conocer. Un amor más allá
de los límites."*

Mike Yaconelli,
Maravilla Peligrosa

Exactamente de la misma manera

NO SE LO GUARDÓ PARA SÍ. Sería imposible — ¡incluso para Dios!, retener algo tan bello para uno mismo. Es inconcebible.

Dios lo ha disfrutado siempre dentro de la divina relación del Padre, el Hijo y el Espíritu. Quiso compartirlo de tal manera, que hizo un universo para que le sirviera de casa, junto con Él, a aquellos que más tarde crearía.

El amor genuino es así. Uno de sus encantos es compartirlo con otros. Cuando lo tocas de verdad, intenta retenerlo si puedes. Si Dios no lo hizo, ¿cómo crees que lo podrás hacer tú?

Los primeros creyentes transformados por la cruz no pudieron, incluso cuando les dieron latigazos o les golpearon con piedras. Cuando les mandaron callar ellos respondieron, "no podemos dejar de decir lo que hemos visto y oído" (Hechos 4:20).

Habían sido tocados por la fuerza más grande de todo el universo y eran incapaces de mantenerla dentro, aun cuando sabían que podría costarles caro. Tal es la naturaleza del amor de Dios. Como dije antes, no hay nada más poderoso en todo el mundo y una vez que experimentas el amor de Dios, no hay manera de que puedas guardártelo para ti solo.

EL MANANTIAL DEL AMOR

Tengo que admitir que crecí viendo al amor como una tarea pesada. Amar a otros significaba que tenía que ser agradable con ellos, aunque no quería serlo. Aunque carecía de ella, creía que tenía que actuar con compasión, al menos con otros creyentes.

Tratar de compartir el amor de Dios con el mundo era un poco más complicado y con frecuencia incómodo. Muchos de mis amigos y yo, sabíamos que teníamos que compartir el evangelio con ellos, pero con frecuencia le hablábamos a la gente como si fueran enemigos que merecían el juicio de Dios. La mayoría de los intentos para compartir el amor de Dios estaban motivados por un sentimiento de condenación.

Nuestra motivación descansaba en nuestra necesidad más que en la de ellos, lo que quiere decir que no los estábamos amando realmente. Probablemente, era más obvio para ellos que para nosotros. En lugar de sentirse amados, se sentían explotados por personas que sólo querían añadir otro "salvado" en su cuenta.

Jesús no nos llamó a convertir al mundo, sino a amar a otros de la misma manera en que hemos sido amados. Mientras actuemos por obligación, sabrán que en nuestra intención de compartir con ellos, sólo estaremos sirviéndonos a nosotros mismos. Además, Dios sabe que no podemos amar de forma efectiva si no hemos sido amados en gran manera. Puede parecer egoísta, pero hasta que no confiemos en que nuestro Padre nos va a cuidar, usaremos a la gente de nuestro alrededor para cubrir nuestras necesidades.

El desarrollo del amor en nuestras vidas sólo puede nacer de la fuente del amor, ¡del mismo Padre! "En esto consiste el amor: no en que nosotros hayamos amado a Dios, sino en que El nos amó a nosotros y envió a su Hijo como propiciación por nuestros pecados" (1 Juan 4:10). Una vez que experimentamos el amor como Dios lo concibe, no somos capaces de negarnos a compartirlo con otros de la misma manera en que ha sido compartido con nosotros.

Donde Dios es generoso contigo, tú puedes ser generoso con otros. Donde Dios afirma tu valor en él, tú no buscas sustituirlo con otros. Donde sabes que Dios no tiene en cuenta tus faltas, tú pasarás por alto las de los otros.

Jesús nos dejó un mandamiento: amarnos unos a otros como hemos sido amados. Pablo incluso coloca al amor por encima del conocimiento espiritual, ya que el conocimiento puede exaltarnos fácilmente, mientras que el amor edifica a otros (1 Corintios 8:1). Pensaba que era absurdo que los creyentes, aquellos por quienes Cristo había muerto, se pelearan sobre qué comidas comer o qué fiestas celebrar. Pero estas disputas tuvieron lugar en sus días y han continuado ocurriendo a través del curso de la historia, porque hemos hecho del cristianismo algo que tiene que ver más con la doctrina que con el amor.

RELACIONES SANAS

Pronto descubrirás que tu seguridad en el amor de Dios y tu conciencia de su ilimitada paciencia contigo, redefinirá las demás relaciones de tu vida.

En lugar de exigir que los demás se ajusten a lo que crees que es correcto, te encontrarás dejando que los demás tengan su propio viaje. Al no manipularles con lo que piensas que es lo mejor, les permites disfrutar de la misma libertad que Dios te da a ti. Les das la oportunidad de elegir su propio camino, basándose únicamente en la claridad con la que ellos entiendan la verdad y la voluntad de su conciencia. Es tarea del Espíritu Santo convencerlos, no tuya.

En lugar de despreciar a la gente quebrantada por el pecado, serás tocado por la profundidad de la atadura que los mantiene cautivos. Además verás mejor como responde el Padre, y entonces sabrás cómo hacerlo tú también. Eso significa que, a veces, tendrás que dar un paso atrás y dejar que las consecuencias del pecado sigan su curso como el padre hizo con su hijo pródigo. En otras ocasiones, tendrás que involucrarte en sus desordenes y les ayudarás a encontrar el camino de Dios.

En lugar de decir lo que piensas que la gente quiere oír, encontrarás la manera de ser honesto con ellos pero sin hacerles daño. El amor humano busca la comodidad de las personas incluso a costa de la verdad. El amor de Dios busca la comodidad de las personas en el marco de la verdad. Él no evita los momentos difíciles o extiende su paz sólo para ser amable. Mientras experimentas esto en tu propia relación con Él, te verás a ti mismo siendo incapaz de ser falso con la gente.

Por último, al confiar en Dios para cubrir nuestras necesidades, ya no pondremos sobre nuestros familiares o amigos expectativas que nos decepcionen con facilidad. Al poner toda nuestra esperanza en la capacidad de Dios de satisfacer esas necesidades, ya no tenemos que esperar que lo hagan aquellos que tenemos a nuestro alrededor. Sé que, con frecuencia, Dios usará a otros cristianos para brindarme sus dones y su gracia, pero ahora también sé que no tengo que poner mi confianza en la vasija que Él usa. En otras palabras, ahora observo cómo Dios se me muestra a través de los creyentes que él quiere, y no me engaño a mí mismo pensando que lo va a hacer a través de una persona específica a la que yo quiero que Él use.

Las expectativas insatisfechas destruyen las relaciones porque esperamos de los otros lo que Dios quiere que esperemos de Él. Tales expectativas nos llevan a un estado de frustración permanente. Sin embargo, cuando renunciamos a ellas, Dios nos tenderá su mano a través personas que jamás hubiésemos imaginado. Nuestra frustración se transformará en gratitud cómo sea, cuándo sea y a través de quién sea que Dios use para tocarnos o cuando nos use para tocar a otros.

UN REFUGIO SEGURO

En vez de tratar de arreglar la vida de las personas en crisis, con gracia seremos capaces de ofrecer reflexiones como "compañeros de lucha", y no como expertos con respuestas prefabricadas. Seremos lugares seguros donde puedan recibir ánimo en sus pruebas, lo que significará, descansar en Dios en medio de ellas.

Aquellos que tratan de agradar a un Dios exigente serán, de forma inconsciente, destructivas con las personas en crisis. Cuando creía que tenía que trabajar duro para ganarme la aceptación de Dios, pensaba que amar a los demás significaba tener que empujarlos a hacer lo mismo. Cuando alguien venía a mí en medio de una crisis, les decía qué era lo que estaban haciendo mal y los animaba a esforzarse más. No era de extrañar que las personas con problemas se alejaran de mí.

Descubrí esto hace unos pocos años, mientras estaba sentado en una habitación llena de gente que atravesaba por diferentes experiencias dolorosas: pérdida de trabajo, crisis familiares, enfermedades graves o crónicas y drogadicción. Pensando en voz alta hice la observación de que parecía ser un tiempo difícil para el pueblo de Dios. Observé que en años anteriores, la mayoría de los creyentes que conocía estaban disfrutando de los beneficios del sueño americano —una familia estable, niños saludables, ingresos crecientes.

Se intercambiaron miradas cómplices alrededor de la habitación. "¿Se lo decimos?", dijo alguien finalmente.

"¿Decirme qué?"

"Antes no eras una persona idónea para la gente herida. Tenías una respuesta para todo y, por lo general, acababas provocándoles sentimientos de condenación e incompetencia. Pero las dificultades que has experimentado en los últimos años te han cambiado. La gente siente tu compasión y la confianza que tienes en que el Padre arreglará las cosas a su tiempo".

Admitiré que sus comentarios me avergonzaron, pero si todo el dolor que había pasado abrió la puerta a otros, verdaderamente puedo decir que valió la pena. Pero, de nuevo, no fue algo que yo me propuse cambiar. De alguna manera, algo de la paciencia que Dios ha hecho nacer en mí ha salpicado a otros sin que me dé cuenta.

Me sorprendo al ver lo que el amor mueve a hacer a la gente, sin que piensen que es un sacrificio. Recientemente conocí a una mujer del Medio oeste de los Estados Unidos, la cual se había divorciado cuando su ex-marido le dijo que era homosexual, que tenía SIDA y que quería irse a vivir con su amante. Unos años después, cuando empeoró por la enfermedad, tuvo compasión de su ex-marido y sintió que Dios quería que cuidara de él.

E hizo exactamente eso. Con el permiso de su actual pareja se mudó con su ex-marido, no como esposa sino como enfermera, y cuidó de él mientras la enfermedad lo consumía. No puedo imaginar lo que le costó entregarse a sí misma en aquel camino, no creo que lo que hizo se pueda exigir a nadie, pero habló de esta experiencia como una de las más profundas de su vida. Antes de que muriera, él y su compañero se arrepintieron y convirtieron al Señor. Todavía más, después de la muerte de su ex-marido, atendió a la pareja de él hasta que éste muriese. Mientras lo cuidaba, otros pacientes con SIDA llegaron a su puerta pidiéndole ayuda. Durante la siguiente década, cuidó a más de 60 pacientes y vio cómo todos ellos conocieron a Cristo. Al día de hoy, esta mujer está reformando un hospital abandonado para extender la asistencia a estos enfermos, viaja alrededor del mundo ayudando a personas con SIDA.

El amor te llevará más allá de lo que cualquier ley te llevaría, y además, serás un espejo del gran amor de Jesús.

EL CAMINO EXCELENTE

Sin el amor de Dios llenando nuestros corazones, terminaremos hiriendo a las personas a pesar de nuestras mejores intenciones. Durante años he oído de congregaciones que hacen "marchas a Jericó" caminan alrededor de las propiedades que quieren comprar para extenderse, creen que de este modo será más eficaz rescatar al barrio, para el Reino de Dios. Oí a un pastor contar cómo uno de sus vecinos les vendió la finca que necesitaban después de que salieran un domingo marchando alrededor de ella, cantando y orando para que se la vendieran.

Algunos años después, tuve la oportunidad de conocer la otra cara de la moneda. Nuestros nuevos vecinos no eran cristianos y nos dejaron saber en términos muy tajantes que no querían que "los acosáramos con las cosas del Señor". Les aseguramos que no haríamos tal cosa. Cuando los conocimos un poco mejor, nos enteramos del porqué de su petición. Su anterior casa estaba cerca del edificio de una iglesia, nos explicaron cómo la congregación se comportaba de forma insoportable en sus intentos porque se mudaran. Se ponían en medio de la calle, pisaban sus flores, e incluso una noche marcharon alrededor de la casa cantando. Como ancianos que eran, la pareja llegó a temer por su vida.

Tenían la casa desde hacía muchos años y nunca habían pensado venderla. Cuando la dejaron, estaban resentidos por cómo habían sido tratados y rechazaban cualquier muestra de la existencia de Dios.

No obstante, durante los siguientes trece años llegamos a conocerlos, principalmente por las veces que les llevamos el correo cuando por error lo dejaban en nuestro buzón. Un día me dijeron que les había gustado un artículo que yo había escrito para un periódico local. Desde ese momento nuestras conversaciones se dirigían con frecuencia hacia temas espirituales. Se mostraban interesados pero todavía eran cautelosos.

¿Sabes lo que finalmente nos abrió la puerta? Un día me enteré de que estaban muy enfermos como para ir a por el periódico y que tenían que esperar a que su hijo se lo trajera por la tarde. Les dije que estaría encantado de llevárselo cada mañana cuando recogiera el mío. Durante los siguientes cuatro años, hasta que nos mudamos, ese fue nuestro proyecto familiar. No era gran cosa, pero los tocó profundamente.

Compartí la vida de Jesús con ellos e incluso fui invitado a presidir el funeral del esposo cuando murió. Para nosotros no eran un "proyecto misionero", simplemente eran amigos y vecinos por quienes nos preocupábamos y cuidábamos.

El amor real de Dios es la fuerza más poderosa del universo. No es de extrañar que Pablo dijera que aquel que ama como Dios ama, cumple con cada precepto de la ley sin esforzarse. Jesús dijo lo mismo. "Si alguno me ama, guardará mi palabra" (Juan 14:23).

Sé que esto puede tomarse de dos maneras y durante la mayor parte de mi vida seguí el modo incorrecto. Solía pensar que Jesús estaba diciendo que si realmente lo amaba, debía guardar todos sus mandamientos, como si el que los guardara fuese prueba de mi amor. Pero el resto de sus acciones y enseñanzas hacen que sea insostenible esta interpretación. Lo que está diciéndonos es que si amamos de forma correcta, el amor se sostendrá por sí solo. Los que aman a Dios, tal y como Él les ama, se encontrarán siguiéndolo por dondequiera que vayan. Esto es lo que Pablo estaba expresando cuando dijo que el cumplimiento de la ley es el amor.

La diferencia es crucial, puesto que determina donde invertiremos nuestros esfuerzos —en guardar los mandamientos o en amar. Sabemos que por mucho que nos esforcemos en guardar los mandamientos nunca será suficiente, pero la transformación que el amor nos brinda nos ayudará a vivir como Jesús lo hizo cuando vino al mundo.

He aquí el porqué Jesús nos dice que amemos igual que él nos ama.

Hasta que no sepamos cómo nos ama, no podremos amar de la misma manera.

Una vez que experimentemos su amor, no podremos evitar hacerlo nosotros.

Este mandamiento nuevo les doy: que se amen los unos a los otros. Así como yo los he amado, también ustedes deben amarse los unos a los otros. De este modo todos sabrán que son mis discípulos, si se aman los unos a los otros.

— Juan 13:34-35

Para tu viaje personal

El amar a otros es consecuencia del inconmensurable amor con el que has sido amado. En cualquier área de tu vida en la que veas que te estás entregando para ayudar a otros, regocíjate por lo que Dios ha hecho en ti. En cualquier área en la que veas que estás fallando en amar a los otros, pídele a Dios que te lleve a niveles más profundos de su amor. Déjale que te muestre si tienes expectativas puestas en otros que te impiden amarlos libremente y permítele que te libere de dichas expectativas.

Para trabajar en grupo

1. Relaten alguno de los momentos en los que Dios expresó su amor hacia ustedes a través de otro creyente. ¿Qué hizo que ese momento fuera especial?

2. Hablen sobre las cosas que hacen que algunas relaciones sean beneficiosas y otras dañinas.

3. ¿Dónde estamos enfocados si no tenemos compasión con la gente de nuestro alrededor?

4. Si son un grupo que se reúne regularmente, pídanle a Dios que les muestre cómo pueden, como grupo, expresar su amor a alguien durante las siguientes semanas. No piensen en uno de ustedes, a menos que Dios les diga claramente que lo hagan; más bien piensen en algo práctico que puedan hacer para bendecir a alguien.

*"Dado que Dios se ofrece
para gestionar nuestros asuntos,
confiémoselos de una vez
por todas a su infinita sabiduría,
para que podamos ocuparnos
sólo de Él y sus asuntos"*

J.P. DE CAUSSADE
(SIGLO XVIII)

22

La oración que Dios siempre responde

EL TIEMPO DE ENSEÑAR acerca del reino de su Padre estaba llegando a su fin. No volvería a tener la oportunidad de sostener a un leproso entre sus manos o de sentarse en la casa de María en Betania y hablar de las maravillas de su Padre, al menos no en este cuerpo, ni de la manera a la que estaba acostumbrado.

Había regresado a Jerusalén para una última visita. Días antes de entregarse a aquellos que lo buscarían para matarlo, Jesús estaba profundamente afligido. Se encontraba ante el umbral del acto de amor y de confianza más grande que nuestro mundo jamás haya presenciado, pero sabía que le costaría la vida.

¿Qué haría? ¿Podría confiar en el amor de su Padre y continuar el viaje o, en un momento de debilidad, pediría a los ángeles que lo liberaran?

Probablemente la lección más poderosa que enseñó a sus discípulos acerca de la oración fue al comenzar a preguntarles cómo creían que Él debía orar: "¿y qué diré? ¿Padre, sálvame de esta hora?".

Casi con toda seguridad, hicieron gestos de aprobación mientras reconocían lo bien que sonaba aquello. Así es como solemos orar. En momentos de prueba y dolor, es natural, incluso para alguien no creyente, clamar pidiendo ayuda. "¡Sálvame, ayúdame Dios! Si me sacas de esto, te serviré para siempre".

Sus discípulos entendían esa oración perfectamente, pero Jesús quería que aprendieran una forma mejor. Incluso cuando su vida estaba en juego, Jesús se conectaba a un mejor canal. "No, fue por esta razón que he venido a esta hora". Lo que Él quería personalmente no era lo importante. Estaba enfocado en otra cosa —en un propósito que trascendía su felicidad personal.

Entonces elevó la oración que quería que escucharan: "¡Padre, glorifica tu nombre!" (Juan 12:28).

En este breve intercambio se aprende todo lo que necesitamos saber sobre la oración y lo que significa seguir a Dios en esta vida. En cualquier situación en la que te encuentres tienes dos posibles oraciones: "Padre, sálvame" o "¡Padre, glorifica tu nombre!" Una te llevará a la frustración y la desilusión; la otra a las maravillas más grandes del corazón de Dios.

¿CUALQUIER COSA QUE PIDAS?

La enseñanza de Jesús sobre la oración parece ser increíblemente simple: Pide lo que desees y ten por seguro que el Padre te lo dará.

Esto se complica cuando nuestra experiencia con la oración se queda corta ante este ideal. ¿Por qué nos ilusiona con una promesa tan descabellada, para acabar decepcionándonos en muchas por las cosas que le pedimos?

No es difícil entender por qué Dios ignora nuestras peticiones más egoístas. Incluso sus discípulos tuvieron que aprender que el poder de la oración no era para satisfacer sus deseos. En lugar de pedir que cayera fuego del cielo como Santiago y Juan querían, Jesús les enseñó que tales ideas nacían de un lugar equivocado. Y cuando le pidieron que les garantizara los asientos a su izquierda y a su derecha en el cielo, les contestó que no dependía de Él dárselos y que en la casa de su Padre no había lugar para ninguno que quisiera ponerse por encima de otro.

Jesús nunca tuvo la intención de enseñarnos que la oración es una manera de manipular a Dios para que haga lo que pensamos que es mejor. Si observas cuidadosamente las sencillas declaraciones de Jesús acerca de la oración, verás que giran en torno a nuestra participación en lo que Dios está haciendo. Si bien estamos invitados a pedirle a Dios lo que queramos, las oraciones que mueven su mano, son aquellas que nacen de nuestra confianza en quién es Él y en lo que está haciendo.

Me pregunto qué sería de mi vida ahora si Dios me hubiese dado la mitad de las cosas que le he pedido. Me habría quedado estancado satisfaciendo mis deleites a corto plazo, pero no me puedo ni imaginar el daño que habrían causado mis peticiones egoístas. ¿Y cómo podría llegar a conocerlo como mi Padre amoroso si lo tratase como si fuera el genio de la lámpara?

Es mucho más difícil entender por qué nuestras oraciones por otras personas con problemas y dificultades permanecen sin contestar. ¿Estaba Pedro respondiendo de cualquier manera, menos con amor, cuando prohibió a Jesús ir a Jerusalén a enfrentarse a sus ejecutores? Creo que no. A pesar de ello su exhortación fue respondida con el más duro reproche, como si las palabras hubiesen sido pronunciadas por Satanás para evitar que Jesús cumpliera su misión.

Pedro no llegó a entender el sublime propósito de Dios al permitir el sufrimiento de Jesús en la cruz. Para que Dios respondiera su oración tendría que haber cancelado el acto que salvaría a Pedro de sí mismo. "no estás pensando en las cosas de Dios, sino en las de los hombres" (Mateo 16:23). Pedro no entendía que su preocupación simplemente le daba voz a Satanás para intentar desanimar a Jesús en su obediencia a su Padre.

Esa era una oración del tipo "sálvame", motivada más por el miedo que por el amor de Dios y, como la mayoría de este tipo de oraciones, se oponía al propósito de Dios en lugar de servirle.

"PADRE, GLORIFICA TU NOMBRE"

¡Fuimos creados para esto!

Cuando Dios creó a los primeros seres humanos, los diseñó con cuerpo, mente y alma para que pudieran participar en su gloria y compartir su deleite.

Si alguna vez has conocido esa gloria, sea estando sentado en su presencia y teniendo comunión con Él o viéndolo usarte para revelarse a Sí mismo a otra persona, sabrás de lo que hablo. En esos momentos parece como si el tiempo se detuviera. Olas de gozo cruzan a través tuyo y te sientes en la cima, si hubieses sido concebido sólo para ese momento, tu vida habría tenido un significado completo. "Fui creado para esto."

Y así fue.

Jesús era consciente de ello. Entre las dos posibles opciones, "¡Padre, sálvame!" y "¡Padre, glorifica tu nombre!", Él escogió la segunda. Sabía que la verdadera gloria consistía en cumplir el propósito del Padre en su vida sin importar las circunstancias. Por mucho que sufriera en la cruz, sabía que había venido al mundo para ese momento.

"Padre, glorifica tu nombre."

Esta es la oración que el Padre siempre responde. "Padre, que el propósito para el cual me has creado, y para el que me has puesto donde lo has hecho, sea cumplido completamente." Esta es la oración que nos desarma de nuestro propio interés y afirma nuestra confianza en que el Padre, quien nos creo y nos ama profundamente, nos conoce mejor que nosotros mismos.

No hacemos esta elección una sola vez en la vida sino durante toda ella, sino a cada momento, en cada situación a la que nos enfrentamos. Cuando no conseguí el trabajo que quería, la subida de sueldo que me merecía o el informe médico que yo esperaba: "¡Padre, sálvame!" o "¡Padre, glorifica tu nombre!"

Nos enfrentamos a esta decisión cuando somos objeto de chismorreos maliciosos o de cualquier otro acto egoísta. "¡Padre, sálvame!" o "¡Padre, glorifica tu nombre!"

También cuando nos encontramos con personas en necesidad, cuando tenemos la oportunidad de decir la verdad a pesar de que tendremos que pagar un precio, o cuando podemos abogar por los que no pueden defenderse. "¡Padre, sálvame!" o "¡Padre, glorifica tu nombre!"

Cuando oscuras tormentas nos rodean o cuando las pruebas nos abruman. "¡Padre, sálvame!" o "¡Padre, glorifica tu nombre!"

UNA DECISIÓN DIARIA

Lo que importa no son las palabras que usamos, sino el clamor de nuestro corazón. Elige salvarte a ti mismo y te encontrarás resistiéndote a Dios, cuando no tiene sentido hacerlo. Terminarás orando contra todo lo que use para transformarte o las formas en que lo lleve a cabo. Lo perderás ya que las cosas que tú quieres no se parecerán a las suyas.

Tengo que ser honesto. He pasado la mayor parte de mi vida haciendo oraciones del tipo "sálvame." No siempre supe que lo estaba haciendo, simplemente pensaba que Dios quería lo mejor para mí, pero desde mi punto de vista.

Pero Dios me ha enseñado una y otra vez en este viaje que Él sabe lo que es mejor en cada ocasión. En la manera en que resuelvo mis problemas y ayudo a otros, puedo llegar a dañar más de lo que Él está dispuesto a permitir. Cuando me negó cosas que quería, fue porque tenía una forma mejor, no sólo de lidiar con mis circunstancias, sino de cambiarme en el proceso. Casi en cada situación, parece que lo que Dios está haciendo es lo opuesto a lo que yo haría.

Cuando quiso enseñarme a confiar más en Él, había orado para que arreglara las cosas, así yo no tendría que hacerlo.

Cuando quiso llevarme a la plena participación de lo que me estaba transformando, yo oraba para que me hiciera feliz.

Cuando quiso cambiar mi carácter para que pudiera reflejar su corazón ante otros, le pedí que me dejara mi personalidad y que no me permitiera caer en situaciones donde "el viejo Wayne" saliera a la superficie.

Estoy muy agradecido de que ganara, aunque a menudo lo haya hecho más que por mis oraciones, por la razón de ellas. Quiero que siga ganando. Lo quiero para que use todo en mi vida para moldearme a su imagen, y así pueda completar en mí el propósito para el que me hizo.

"Glorifica tu nombre."

En todos nosotros, ahora y hasta el final de los tiempos. Y por toda la eternidad.

Amén.

> *En Cristo también fuimos hechos herederos, pues fuimos predestinados según el plan de aquel que hace todas las cosas conforme al designio de su voluntad, a fin de que nosotros, que ya hemos puesto nuestra esperanza en Cristo, seamos para alabanza de su gloria.*
> —Efesios 1:11-12

Para tu viaje personal

Revisa las cosas por las que estás orando. ¿Qué oraciones son del tipo "sálvame" y cuáles son oraciones tipo "glorifica tu nombre"? ¿Cuáles sirven a tus deseos y cuáles son el resultado de entender el propósito de Dios en las situaciones en las que te encuentras? Pídele que te revele cada día cuál es su propósito en las circunstancias que te encuentras y ora para que continúe revelándotelo mientras te lleva más cerca de sí mismo.

Para trabajar en grupo

1. ¿Qué ejemplos encontramos en la Biblia de oraciones del tipo "sálvame"? ¿Y en sus propias vidas?

2. Ahora pongan ejemplos de oraciones del tipo "Padre, glorifica tu nombre."

3. ¿Pueden pensar en momentos de sus vidas en los que oraron justamente lo contrario de lo que deseaban porque sintieron que el propósito de Dios se cumpliría al orar de esa manera? Cuenten esas experiencias.

4. Si alguien del grupo puede compartir algunas de las cosas por las que está orando, pídanle a Dios que les muestre cuál es su propósito y cuál sería la mejor manera servirle con sus oraciones.

5. Oren para que Dios sea glorificado en cada una de sus vidas cuando tu viaje te muestre lo que cada día tiene reservado para ti.

"La mente de un fariseo piensa que la verdad es más importante que el amor, pero Jesús nos mostró que el amor es la parte más importante de la ver

ADAPTADO
DEL TEST DE FARISEATITIS
DE DON FRANCISCO

23

Vivir amado

POR SUPUESTO, NADA EN ESTE LIBRO tendría algún valor si sólo fuese un argumento intelectual, o si sólo presentara una teología del amor de Dios. Sólo tiene sentido si puedes aprender cómo vivir siendo amado —a despertar cada nuevo día, confiando en que el Padre se deleita contigo como un padre con su hijo recién nacido.

Podría seguir y seguir con otras implicaciones de lo que significa vivir en el amor de Dios, y cómo transforma radicalmente todo lo relacionado con la forma de pensar o vivir. Pero creo que ahora la visión está bastante clara, y serás capaz de reconocer el camino y seguirlo donde quiera que el Padre te ponga. Créeme, ésta es una vida para vivirla mucho mejor de lo que puedas leer o escuchar.

He pasado doce años disfrutando de la anchura y la amplitud del amor del Padre, y mi vida en él se hace más profunda y rica conforme pasan los meses. Sigo descubriendo lo increíble que es y la libertad que tengo cuando estoy seguro de su amor por mí. Lo he visto cambiar muchas cosas en mi vida de esta forma, y sin embargo me siento como si estuviera empezando.

Disfrutarás mucho más el proceso de descubrir cómo Él quiere vivir en ti que seguir leyendo sobre el tema. Esta es una vida que todos podemos vivir. Si ya has experimentado esta realidad antes de leer este libro, probablemente ya sabes cómo comenzar a vivir en su amor. Si es así, ¡lánzate a por él!

Puede que otros hayan sido conquistados por el mensaje de este libro, pero que aún no tienen ni la más remota idea de cómo pueden vivir en su amor. Intelectualmente, es posible estar de acuerdo con la idea de que Dios te ama, pero no haberlo experimentado en primera persona. De hecho, puedes sentirte bastante vacío espiritualmente y no saber a dónde acudir. Puedes pensar que no sabes lo suficiente como para darte una oportunidad a ti mismo, y de hecho nunca lo harás. Pero el día para hacerlo es hoy, y el momento es ahora.

Vivir en el amor de Dios no es difícil pero es demasiado complejo para muchos. Sin embargo, es mucho más simple de lo que la mayoría de la gente pueda creer. Permíteme ofrecerte algunos pensamientos que pueden ayudarte a seguir adelante.

ES SU TRABAJO, NO EL TUYO

No des por sentado que esta vida se vive fuera de tu intelecto o tus emociones. Si bien ambas son partes importantes de tu viaje, la vida de la que estoy hablando comienza con una revelación personal del amor del Padre hacia ti y la obra que su Hijo logró en la cruz. He tratado de describirlo lo mejor posible en este libro, pero las palabras no le hacen justicia. Vivir en su amor requiere una revelación tan profunda que, es necesario que los ojos de tu corazón estén abiertos para percibir su realidad.

No puedo hacer que esto te suceda, así que no voy a intentarlo.

Tampoco tú puedes hacer que suceda, así que por favor, no pierdas el tiempo tratando de hacerlo.

Lo que puedes hacer es pedirle que te muestre la profundidad de su amor por ti y te revele lo que Jesús logró en la cruz. Parece que a Él le encanta hacer esto más que cualquier otra cosa de las que hace, y lo ha estado haciendo con la gente a través de todo el curso de la historia.

Si entras en una habitación donde hay un niño de dos años jugando y quisieras relacionarte con él, ¿quién tendría que hacer que eso ocurriera? ¿Tendría que hacerlo el niño? ¡Por supuesto que no! Para entablar una relación con ese niño, tendrías que ser tú el que lo hiciese. Él tendría que responder, por supuesto, pero tú tendrías que tomar la iniciativa. Tendrías que encontrar una manera de conectarte con él a su nivel y enfocarte en las cosas que le interesan con el fin de atraerlo a esa relación.

Con Dios funciona de la misma manera. Él está por encima de ti igual que tú estás por encima del niño de dos años. Él tomará la iniciativa para invitarte. Simplemente pídele que comience a mostrarte lo mucho que te ama, y en ese momento empezará a hacerlo. No te limites a pedírselo una vez y esperar que el cielo se caiga o que tu corazón esté a punto de estallar. Mantente centrado en Él todos los días, búscalo con regularidad, tanto a Él como a la forma en que se te va a dar a conocer.

VIVE CON LOS OJOS BIEN ABIERTOS

Jesús nos prometió que Él era el Camino para conocer al Padre y que iba a venir a nosotros para que pudiéramos experimentar la verdadera vida que hay en Él. Si le pides que se te muestre, tienes que estar con los ojos bien abiertos, indagando en qué manera se te está dando a conocer Jesús. Nadie puede decirte cuándo o cómo vas a encontrarte con Él, pero hay algunos lugares específicos en los que dijo que podíamos buscarlo.

Jesús dijo que estaría con nosotros siempre, y mostró en su propia vida lo valioso que era tener con regularidad un tiempo para estar con el Padre, lejos de la tensión de la vida. Aquí no estoy hablando de la disciplina de un oficio religioso diario, ya que fácilmente puede convertirse en una tarea rutinaria y sólo te frustrará aún más. Te ayudaría si, simplemente, apartases un tiempo con cierta frecuencia, para poner tu corazón delante de Él. ¿Dónde podrías hacer eso? ¿Mientras das un paseo o conduces hasta tu trabajo? ¿En un rincón especial de tu casa donde encuentres un poco de paz? Podría ser en la ducha o en tu cama por la noche antes de irte a dormir.

Sólo pídele que se te dé a conocer de la manera que Él desee. No añadas tus expectativas ni lo busques por otra cosa, que no sea por Él mismo. En algún momento vas a experimentar su presencia cada vez con mayor familiaridad. Puede ser sólo la conciencia de que no estás solo en el mundo, escuchando el silencio, una vocecita, o reconociendo un repentino golpe de la sabiduría. Aunque no puedes hacer que nada de esto suceda por tus propias fuerzas, sin los momentos de calma en los que estás abierto a Él, lo echarás de menos fácilmente.

Dios también se encuentra en las mismas Escrituras. Pasa algún tiempo allí buscándole a Él y a su sabiduría sobre los problemas que están en tu mente. Animo a la gente a comenzar con los Evangelios y leerlos una y otra vez, quizás durante meses, hasta que Jesús se convierta en una persona real para ellos. Si estás teniendo problemas para entender su amor, lee Romanos 4-8 o el libro de Gálatas o Colosenses. Que las palabras profundicen en tu corazón hasta que Él se haga real en ellas.

Mantente alerta para compartir tu viaje con la comunidad de fe. No estoy diciendo que te reúnas con la congregación más cercana. Simplemente puedes comenzar a hacerlo con hermanos o hermanas que también estén creciendo en su propia relación con Dios. Escucha las cosas que estén descubriendo de Él y pídeles que te ayuden cuando sientas cansancio o confusión. Sólo asegúrate de que sean personas que también estén creciendo en amor y no estén atrapados bajo las demandas de la culpa y el legalismo. Que te animen, pero no recurras a ellos esperando obtener las respuestas de todo. Sigue buscando a Jesús como tu Hermano mayor y Guía en este viaje.

Y no lo olvides, puedes encontrarle en aquellos que no creen. Jesús dijo que cuando servimos "al menor de estos," le implicamos a él. Observa cómo Él quiere expresarse a través tuyo, no en la culpa provocada por las obligaciones, sino que sencillamente te dará amor para los que tienes a tu alrededor.

RELÁJATE

Sólo sé que tú no controlas cómo se va a desarrollar esta nueva relación con Dios. A las personas que comienzan este viaje, les digo que no se desanimen si no ven nada ni oyen nada durante uno o dos años. Sé que eso parece mucho tiempo, pero quiero que se relajen. La presión para hacer que algo suceda en uno o dos días, o incluso en uno o dos meses, es un gran impedimento para que esta relación brote. Rara vez tarda dos años, pero al desaparecer la presión para provocarla, conseguirás ver su mano con más facilidad.

¿Por qué tarda tanto? La revelación del amor del Padre no es cuestión de frotar una lámpara mágica y que aparezca de repente. Más bien, es porque a menudo Dios tiene que desenredar en ti algunas cosas para ayudarte a verlo. Incluso si este proceso dura meses, no es porque Él esté trabajando muy dentro de ti, poniendo orden en esas cosas que se agolpan en tu corazón y te enfocan en tus propios esfuerzos o tus propios fracasos.

A veces eso significa resolver tus frustraciones con Él. Cuanto más has tratado de vivir religiosamente hacia Dios, más decepción has experimentado al ver que Él no hacía las cosas que esperabas que hiciera. Puede ser una oración no contestada o una experiencia dolorosa en su vida. Si estás enfadado con él y te sientes traicionado, esto podría nublar su presencia ante tus ojos.

Entonces, ¿sería mejor no hacerle caso a tus decepciones? ¡Por supuesto que no! Es mucho mejor mostrarle tus frustraciones y decepciones. Sácalas a la luz. Habla de ellas en su presencia. Pídele que te muestre un amor tan grande, que tus malentendidos cedan ante esta nueva realidad. Aunque el Padre no evite que tengas problemas y dificultades en esta vida, Él está contigo a través de ellos e incluso, puede hacer que formen parte de tu amor por Él y te ayuden a tener compasión ante el dolor de otros.

Todo lo que necesitas hacer es buscarle continuamente, pídele que te ayude a reconocer lo que ya está haciendo en tu vida y susurrando a tu corazón. La meta aquí no es conseguir que Dios actúe a tu favor, sino que comiences a reconocer lo que Él ya hace.

DEJA MORIR LA CULPA

Si en el pasado has tratado de servir a Dios bajo la religiosidad, una de las cosas con las que va a querer luchar será tratar de eliminar tu hábito de responderle, movido por la culpa y el miedo. Si has tratado de apaciguar estos sentimientos, haciendo cosas para Él con las que creías que ibas a ganar su favor, no va a ser un camino fácil de recorrer. Pero hasta que Dios te desconecte de la culpa y el miedo que provocan que te esfuerces, te estarás perdiendo su amor por ti.

¿Cómo puedes hacer que la culpa muera? Persevera ante su presencia. Sé que no suena a mucho, pero es suficiente. Deja de hacer lo que haces porque te sientes mal cuando no lo haces. Cuando sientes que la culpa y la condenación sobrevuelan a tu alrededor como una tormenta de verano, simplemente reconoce que están ahí y ofréceselas a Dios. Reconoce que Dios no usa el miedo para manipularte y ni para que actúes en su nombre; por lo tanto, no permitas que el miedo ocupe un lugar en tu vida en el que hagas lo que él demande de ti.

Esto será difícil en las primeras etapas. Puede que aguantes un tiempo, y luego estés tan abrumado por la culpa, ya sea que nazca dentro de ti o te la pongan otros, que sin quererlo volverás actuar bajo su presión de todos modos. No es el fin del mundo, créeme. Sólo tienes que regresar a Jesús cuando te das cuenta de ello. Háblale sobre tu lucha y pídele que te libere de ella. Nuestra mente y emociones han sido manipuladas durante tanto tiempo por la culpa y el deseo de apaciguar a Dios que pensamos que hemos fracasado y es más fácil creer las mentiras de la culpa que las palabras de amor de Dios. Sigue yendo a Él, y aprenderás cómo resistir la culpa y a aceptar el amor, descubriendo cómo la culpa te ha estado estorbando para conocerlo.

También te ayudaría si tu contacto con el cuerpo de Cristo reforzase el maravilloso amor del Padre y no hace uso de la culpa y el miedo para motivar a la gente. Puede que esto no sea sencillo de encontrar, ya que muchas veces es más fácil motivar a la gente a través de la culpa que ayudarles a vivir en el amor del Padre. Pero hay voces ahí fuera que te pueden ayudar. Puede que refuerces el amor del Padre por ti a través de uno o dos amigos que Dios ponga en tu camino, o a través de los libros que leas, o las enseñanzas que escuches o algún podcast.

SÍGUELO

No creo que haya habido un tiempo desde la Edad Media, en el que practicar el cristianismo estuviese tan en contra de lo que significa vivir una vida en Jesús. Uno puede ser un buen cristiano abrazando sus doctrinas, sus ritos y su ética, sin conocerlo. Jesús no vino a iniciar una nueva religión, sino que vino a romper el poder de todas ellas invitándonos a seguirlo y vivir la realidad de su amor por nosotros.

Sólo recuerda, vivir en Cristo tiene más que ver con seguir a una persona, que con cumplir unas normas. A medida que giras el corazón hacia Él, tu conciencia comenzará a reconocer su voz guiándote. Síguelo, y sin la ansiedad y el temor de que le vas a hacer enfadar, sino con la seguridad de que nadie te ama más y de que está echando raíces en ti.

Muchos han malinterpretado las palabras de Jesús: "Si guardáis mis mandamientos, permaneceréis en mi amor." Ahí no estaba diciendo que ganamos su amor cumpliendo sus mandatos, sino que, como lo seguimos vamos a llegar a vivir el fruto de su amor. El hijo pródigo viviendo en la pocilga no era menos amado por su padre, sino que no estaba viviendo la realidad de ese amor. Y mientras confiemos en nuestra sabiduría más que en el amor de Dios, nunca lo haremos.

Su invitación es para que vayamos y vivamos tan amados como ya lo somos. Corre el riesgo de descubrirlo, y no te decepcionará. Él conoce todo mejor que nadie y no hay situación en la que su gloria no pueda trabajar en tu vida. Al ver como hace eso en tu vida, te será mucho más fácil seguirlo. Tu confianza en Él crecerá, y tu vida experimentará increíbles transformaciones.

Con el tiempo, notaras cómo, gradualmente y de una forma sorprendente, van cambiando tus propios pensamientos, ideales y acciones para reflejarle a Él. Te veras en situaciones en las que responderás de manera totalmente diferente a como has respondido en el pasado. Te encontrarás pensando, *yo no soy así*. Y sin embargo, eres tú. Siempre lo has sido, lo que pasa es que tu vida fue distorsionada y torcida por una relación rota con el Padre, que siempre te ha amado más de lo que te puedas imaginar.

Ese es el gozo de este viaje —una relación restaurada con el Padre que te creó y una vida transformada que te permitía vivir en libertad incluso cuando no tenías relación con Él. No puedo pensar en nada mejor para terminar que las palabras de Pedro traducidas por Eugene Peterson en *El Mensaje*. He encontrado la verdad en esta porción de la Escritura como un faro que siempre me invita a ir hacia adelante y hacia él:

Puesto que Jesús pasó por todo lo que tú estás pasando y más, aprende a pensar como él. Piensa en tus sufrimientos como una oportunidad para desengancharte de ese viejo hábito pecaminoso que siempre está esperando dirigir tu propio camino. Entonces serás capaz de vivir tus días libre para buscar lo que Dios quiere en lugar de ser tiranizado por lo que tu quieres.

—1 PEDRO 4:1-2, El Mensaje

Para tu viaje personal

Ve y vive la vida de paz y gozo que Jesús te ofrece. Despierta cada nuevo día con la seguridad de que te ama y pídele ayuda siempre que lo necesites. A continuación, escucha y actúa lo mejor que puedas para seguirlo diariamente. Encontrarás esta vida más rica y más profunda de lo que nunca pudiste imaginar.

Para trabajar en grupo

A estas alturas no hay más preguntas. Sólo que cada uno cuente como este capítulo le ha ayudado a ver el siguiente paso que Jesús podría tener para su viaje personal.

Reconocimientos

Gracias, Kevin Smith, David Boan y John Yates de Australia, por tirar de mí y mostrarme un camino más excelente. Sus ideas sobre la cruz han revolucionado mi visión del amor del Padre y me han ayudado a entender cómo la iglesia de Jesús puede realmente compartir una vida juntos.

Gracias, Dave y Donna Coleman de Visalia, por enriquecer mi vida y este libro con las lecciones que habéis aprendido y por ser pacientes conmigo cuando atravesaba un proceso similar.

Gracias, Bob Blasingame y Scott, y Sandi Tompkins, por contribuir con vuestra pericia al contenido específico de la primera publicación de estas páginas. Y a Kate Lapin, extraordinaria maquetadora, y Julia Williams, amada hija y directora de proyecto, por limpiar este desorden y prepararlo para su publicación.

El arte final de la cubierta y el diseño del interior refleja la habilidad de mi buen amigo Dave Aldrich de Aldrich Design (aldrichdesign.com) en Rhode Island, quien ha sido una bendición para mí en muchas maneras, así como en muchos proyectos. Dave, eres un maravilloso amigo y colaborador.

Gracias, queridos amigos de mi ciudad natal, Visalia, California, y sus alrededores, por todas las formas en las que me han mostrado su amor, por estar a mi lado, y compartir mi viaje. Y gracias, también, a los muchos exploradores que he conocido alrededor de todo el mundo quienes están en un viaje similar para descubrir las profundidades del amor de Dios y cómo disfrutar de la vida y la simplicidad de ser sus amados hijos en la tierra.

Sobre el autor

Wayne Jacobsen dirige Ministerios Lifestream y viaja alrededor del mundo enseñando sobre la intimidad con Dios y la vida de iglesia relacional. Es editor colaborador del *Leadership Journal* y autor de *En la Viña de Mi Padre*, *Relaciones Auténticas*, *¿Así Que Ya No Quieres Ir a la Iglesia?* (en colaboración con Dave Coleman) y *Cuentos de la Viña*. Además, Wayne publica semanalmente un podcast en thegodjourney.com y trabaja como entrenador y mediador en la educación pública, ayudando a construir puentes de cooperación y entendimiento cuando los intereses de la iglesia y el estado entran en conflicto. Vive con su esposa, Sara, en Moorpark, California.

Para mayor información sobre los escritos de Wayne y sus viajes, puedes ponerte en contacto con él en:

Life Stream

www.lifestream.org
7228 University Dr. • Moorpark, CA 93021
(805) 529 - 1728
wayne@lifestream.org